DANIEL HERNÁNDEZ OSORIO

FRACASAR O TRIUNFAR: TU ELECCIÓN

LA RUTA DEL ÉXITO

Publicado por
D'har Services
P.O. Box 290
Yelm, Wa 98597
www.dharservices.com
info@dharservices.com
dharservices@gmail.com

Derechos de autor © 2015

Carátula© Xiomara García
Fotografías carátula: Ángel

ISBN-13: 978-1-939948-36-6

Impreso en Estados Unidos

A:

Arturo, mi quinto hijo fruto del amor de dos corazones y de la fe en Dios, quien llegó a nuestro hogar como un ángel para incrementar felicidad en nuestras vidas; con su mundo de fantasía: Merlín su perro guardián, y Crown y Birdy sus gatos birmanos, que le ayudan a pintar sus sueños en el arcoíris de lo inesperado.

AGRADECIMIENTOS

Quiero agradecer inicialmente a Angélica Lorenz, mi esposa, quien me apoya incondicionalmente, con sabiduría y paciencia mientras realizo mis sueños.

A Julio Daniel, mi hijo mayor, quien tiene todas las cualidades de un ser humano compasivo y exitoso.

A mis hijas que amo con el corazón:

Andrea Carolina quien eligió enseñar las Matemáticas. Me siento muy orgulloso de ti.

Juldy Roxana, profesional en fisiología y psicología aplicada al ejercicio, egresada de Florida State University, cuya alegría y amor son sin duda una bendición, como ella lo es para mí y para sus pacientes.

María Fernanda, que expresa a través del arte su espiritualidad, y disfruta al enseñar que el mundo necesita ser más justo y simple.

A mis cuatro nietos que iluminan con su ternura mi alma:

Juldy Samantha y Eliana mis lindas nietas.

Chris y Sam mis inteligentes pequeños.

A mis padres Julio Daniel y Marina (QEPD) los mejores padres de este mundo.

A mis hermanos Héctor, Piedad, Analida, Marlen, Elizabeth, Marina, Juldy, Rosángela, Mauricio y Jimmie, gracias por ser como son.

Muy especialmente al señor Richard Deeb, quien marcó mi vida con sus enseñanzas.

Dios lo tenga en su gloria.

En mi corazón surge la esperanza de poder honrar la ayuda de todas las personas que directa o indirectamente me apoyaron en el proceso de escribir mi libro, para todos ellos; que reciban grandes bendiciones.

Destaco la valiosísima colaboración de Catalina Páez Torres, Licenciada en Administración de Servicios, quien dedicó gran parte de su tiempo a la tarea de ayudarme en el proceso de ordenar, seleccionar y transcribir mucha de la información de la presente obra.

ÍNDICE

PRÓLOGO

Prologar un libro de mi padre es motivo de gran orgullo interno, y formar parte de algo tan significativo para él es un privilegio. Quiero agradecerle por elegirme para escribir este prólogo, por ser mi guía, mi amigo y creer en mis habilidades ilimitadas.

Mi padre es la persona a quien más respeto, y la posibilidad de no escribir un prólogo digno de él me causó gran ansiedad y postergué mucho escribirlo. Inicialmente porque al comenzar a leer el libro me encontré con ciertos capítulos cuyo contenido mi subconsciente rechazaba, de una manera u otra eran contrarios a mis creencias. Aunque me esforzaba, no conseguía llegar al punto final. Por razones superiores a mí, algo formaba una barrera en el progreso de mi lectura, por no tener suficiente tiempo, o se me olvidaba leerlo; en fin, cada vez que levantaba el libro algo me impedía cumplir mi cometido.

Un día comprendí que los obstáculos los ponía yo misma; si realmente quisiera leerlo ya lo hubiese hecho. Decidí dejar de darme excusas y concluir su lectura; me tomó exactamente tres días, haciendo las pausas necesarias para meditar la información consignada en él.

Descubrí que cuando decidí leer el libro fue el momento perfecto. Tenía la sensación que había sido escrito para mí solamente. Las palabras de cada página tenían un mensaje para las circunstancias de mi vida personal, familiar, profesional, emocional o espiritual del momento; cada ejemplo podía aplicarlo a mi propia vida. Me causó un poco de inquietud que la lectura fluyera tan perfecta; me pregunté ¿Por qué la había postergado?, ¿por qué me rehusé a terminar su lectura la primera vez que lo abrí?

Mientras avanzaba en la lectura me di cuenta que muchas de las cosas que me estaban sucediendo eran causadas por mi inhabilidad para establecer claramente mis deseos y tomar acción efectiva, y en lugar de eso me concentraba en cómo obtenerlo. Fue bastante difícil aceptar que las cosas no tan positivas que me estaban sucediendo en mi presente fuesen causadas únicamente por mi ineptitud de tomar acción.

Fracasar o triunfar: tu elección. La ruta del éxito es un libro que nos ayuda a abrir los ojos y tomar responsabilidad, nos ayuda a dejar las excusas y tomar acción en todos los aspectos de nuestras vidas. Página a página nos revela la importancia de la conexión con Dios y nos recuerda que Dios está en cada uno de nosotros. Es una revelación; lo que nos pasa en la vida es producto de nuestra incapacidad de aprender a ser. Descubrí que vivimos más enfocados en tener, en hacer y en los procesos, más que en mejorar cada día en el Ser.

Al terminar de leer el libro sentí una nueva energía, deseé transformar mis hábitos y poner en práctica algunas cosas mencionadas en él. No necesariamente las técnicas referidas en el contexto, sino más allá de ellas, en su mensaje de superarme a mí misma, pensando siempre en el bien mayor.

Si bien durante la lectura hubo secciones que me causaron ansiedad porque su mensaje era directamente opuesto a lo que en mi corazón existía en cuanto a la conexión con Dios, con las personas y conmigo misma, puedo decir con confianza absoluta que el mensaje obtenido fue exactamente el necesario y en el momento oportuno para progresar en mi vida.

A veces no entendemos por qué nos suceden las cosas cuando nos suceden; en este libro comprendí que las cosas nos suceden en el momento y lugar apropiados.

Agradezco eternamente a mi padre por darme la oportunidad de escribir este prólogo y revelar mis experiencias con su lectura.

Le invito a usted, que tiene el libro entre sus manos, a disfrutar una obra escrita para ayudarle a mejorar su forma de vivir, cambiando excusas por acciones, eventualidades por hábitos, y querer ser por SER ahora.

Que Dios los bendiga,

ANDREA HERNÁNDEZ

Máster en Matemática y Pedagogía
Universidad de New York
Estudiante de Doctorado en Filosofía Matemática
Universidad de Columbia

NOCHE Y DÍA

Un ángel de la sabiduría y un ángel del amor estaban en problemas: El primero vivía manifestando ignorancia y el segundo desamor. ¿Cómo se dieron cuenta en el cielo de esa situación? Porque los resultados del ángel de la sabiduría no tenían coherencia con su saber; y en la oscuridad de la noche, la soledad del ángel del amor lo estremecía. Ellos utilizaron su conocimiento para moverse entre la luz y la sombra indiscriminadamente.

En la oscuridad reina la ley, sufres, haces algo y lo pagas, los aprendizajes son dolorosos; en cambio en la luz reina la gracia, todo es mágico y los milagros se realizan una y otra vez.

Qué curioso, ¿por qué existen criaturas que viviendo en la gracia deciden bajar a sufrir en la ley? Lo que estos ángeles experimentaron, sin duda alguna, les llevó a reconocer su sabiduría enfocándose en resultados y a expresarse desde el corazón.

¿Y cómo sucedió? Un día, cuando estaban curioseando en la oscuridad, los pesados grilletes de las emociones atraparon sus alas y al no poder volar, cada uno le echó la culpa al otro y dejaron salir lo peor de su ignorancia y lo peor de su odio. Se hicieron tanto daño, que el dolor invadió sus almas.

No querían verse nunca más, y en tanta desesperación, con los ojos llenos de lágrimas, sintiendo un ardor desgarrador en su vientre suplicaron a Dios por su luz y fueron tan honestas sus súplicas, que del cielo inmediatamente dieron la orden de liberarles.

Ya sin los apegos de la oscuridad, en la libertad de la gracia, recuperaron sus alas y volaron. Ahora sus lágrimas no eran de dolor, sino de felicidad; su corazón ardía en el amor más puro que jamás ser humano hubiese soñado, un amor que está mucho más allá de las emociones y una sabiduría cuyo ejemplo ilumina el mundo.

Volaron libres hacia la eternidad, sabiendo que si lo deseaban, podían contar el uno con el otro y en la magia de la gracia. Además, la eternidad los uniría una y otra vez en la luz de Dios.

INTRODUCCIÓN

¿La excelencia es un camino o un destino?

Antes de la aparición de los conceptos tan de moda en los 70 "calidad total y cero errores", desarrollados por los japoneses, se llegó a pensar que tener éxito en la vida hacía parte del destino.

¡Qué lejos de la realidad! Hoy por hoy la enseñanza más valiosa de la teoría kaizen es que todo es susceptible no sólo de lograrse, sino de mejorarse. Esta teoría nos invita a identificar al mejor, imitar al mejor, igualar al mejor y superar al mejor, teniendo en cuenta que existe diferencia entre modelar a alguien muy bueno o modelar al mejor. Ahora bien, ¿a quién modelar y qué modelar? Para modelar a las personas exitosas es primordial reconocer dos errores: modelar a la persona equivocada o modelar de la persona correcta la estrategia equivocada.

Cuando se quiere entrar en el camino de la excelencia, se debe forjar el carácter para emular sólo a aquellas personas o empresas que obtuvieron los resultados que estamos deseando, y la estrategia correcta que usaron.

Nadie podría negar la belleza de la voz de Luciano Pavarotti y cómo con su canto ha hecho feliz a miles de personas; no elegirías modelar a Pavarotti en su manera de comer conseguirías un cuerpo parecido al de él, pero jamás cantarías como él. Ni la importancia de la teoría de la relatividad de Albert Einstein que dio un giro en la forma de pensar de la gente en el siglo XX. Y pensar que para obtener la genialidad de Einstein, construirías una relación de pareja como la suya; podrías hacer tu pareja desdichada.

La era de los grandes elocuentes de la oratoria quedó atrás, actualmente se buscan ejemplos dignos de seguir. Por ello, en liderazgo el ejemplo no es lo más importante... es lo único importante. Sin embargo, existen estrategias que en un contexto adecuado pueden beneficiarnos grandemente.

Algunas personas podrían enseñarnos sobre lealtad, creatividad, perseverancia y a pensar en grande; si hubiesen desarrollado sus cualidades en otro contexto y con otros objetivos, serían genios del marketing; no los creadores de nefastos resultados para sí mismos y la humanidad; entre ellos los que se dedican al narcotráfico, asaltantes, sicarios, etc.

Si observamos con juicio el lema: "Siempre hay una manera mejor y más fácil de hacer las cosas" percibimos que al aplicar este gran principio de la creatividad humana nos adentramos en el camino de la excelencia. Por el contrario, tan pronto alguien considera que encontró la perfección, en ese mismo instante está manifestando mediocridad y obsolescencia. El síndrome del producto terminado ha llevado a la bancarrota a muchas empresas y ha dejado fuera del mercado a grandes ejecutivos que en otros tiempos eran las vacas sagradas de sus organizaciones.

Basta con escuchar a algunas personas para saber si pertenecen a la era del mejoramiento continuo; éstas se enfocan en el futuro y hablan de resultados exitosos. Por el contrario, aquel cuyas conversaciones y diálogos están enfocados en el pasado y en los obstáculos manifiestan una tendencia al fracaso. Earl Wilson comenta: "Si lo que hiciste ayer todavía te parece grande hoy, entonces no has hecho lo suficiente hoy".

Fracasar o triunfar: tu elección. La ruta del éxito nos enfoca en el mejoramiento de los siete niveles de mayor importancia del ser humano: espiritual, físico, relaciones, educativo, laboral, económico y recreación. Es muy importante comprender que cualquier persona, si lo desea, puede lograr los resultados obtenidos por otros o crear unos nuevos. Lo destacable es percibir que tanto para tener éxito en la vida o fracasar, existe una fórmula, que hemos aplicado inconscientemente en la mayoría de los casos. Este libro pretende llevar de la mano al lector para que, con base en el conocimiento, elija conscientemente el camino a comprender, eliminando de sus creencias falsos paradigmas; qué somos víctimas del destino, qué lo ocurrido es por capricho de Dios; y un sinnúmero de falsas premisas cuyo único objetivo es esconder nuestra responsabilidad sobre una gran verdad: somos los creadores de nuestro destino y el universo nos apoya incondicionalmente en lo que nosotros elijamos creer y crear.

PRIMERA PARTE

"El auténtico líder está dispuesto a conquistarse a sí mismo; su único propósito es cumplir la misión para la cual ha sido creado, vivir en la luz y rendirse a la voluntad divina".

Cuando para amar es tarde

EL INICIO

Ese sueño me llenó de interrogantes, y siguiendo ese impulso divino, corazonada o deber kármico me comprometí conmigo a difundir toda la vivencia de ese día. Lo hice a través de mi libro *"Cuando para amar es tarde"* no sabía que estaría expuesto a múltiples autoevaluaciones y al juicio más implacable al que un ser humano puede someterse: el propio juicio.

Había escrito ese libro, que marcó un hito en mi vida, varios años atrás; sin embargo, cuanto más lo leía, más me convencía que lo allí escrito no venía de mí sino a través de mí. No obstante, muchos cuestionamientos rondaban mi mente: por qué el título si los genios de la publicidad nunca estuvieron de acuerdo, querían algo más comercial y pensaban que ese título era engañoso, la gente se encontraba con un manual de excelencia humana, mientras el nombre invitaba a pensar que se trataba de una novela rosa.

La mayoría de las personas que escribían correos después de leer el libro, habían acabado una relación o sufrían de alguna enfermedad terminal o habían perdido a un ser querido. Jamás pensé que ese título les fuera a cautivar en tal grado y que allí encontrarían paz para sus almas y esperanza para un mejor mañana.

Pero, y conmigo ¿qué estaba pasando? Aunque mi vida mejoraba paulatina y continuamente, los cambios no se producían a la velocidad deseada; consideraba que por tener más información que el promedio de la gente, debía lograr mis metas más rápidamente, olvidando que lo importante no son los logros sino la persona en la que nos convertirnos en el camino a la conquista de nuestros sueños. Concluí que precisamente por haber escrito ese libro cada vez más vendido, era importante acelerar mis aprendizajes; y me prometí que sólo volvería a escribir algo más, cuando realmente fuera la persona en la que sentía que debía convertirme.

No obstante, me dejé llevar de nuevo por esa voz interna que tan frecuentemente nos habla, y que en la mayoría de los casos poco cuidado le ponemos; me invitaba cada vez con más ahínco a que levantara la pluma y cumpliera mi misión de escribir este mensaje que, según presentía, iba a ayudar a mucha gente a mejorar su calidad de vida.

Aunque me negaba a escribir algo más hasta convertirme en maestro, entonces surgió la necesidad apremiante de escribir *Fracasar o triunfar: tu elección. La ruta del éxito.*

Recordé una frase leída en *Ilusiones* de Richard Bach: "Enseñamos aquello que más necesitamos aprender", y elegí plasmar en el papel las enseñanzas de mi maestro el señor Deeb.

El encuentro con el Maestro

"La sincronía de la vida te hace comprender que todo es perfecto; cada acontecimiento que atraes y cada persona que se cruza en tu existencia tienen un mensaje, una enseñanza y un sentido concreto en tu plan de vida."
Cuando para amar es tarde

Podría afirmar que lo conocí por casualidad; sin embargo, sé que él inmediatamente me corregiría y diría que nada es al azar y que todo tiene un sentido perfecto para nuestras vidas, por lo tanto prefiero decir que fue una causalidad.

La dueña de la casa donde yo vivía en esa época me contó que había conocido a un ser muy especial, un señor de edad avanzada que al mirar nuestras manos podía determinar si estábamos preparados o no para recibir sus enseñanzas. Sus cursos, que se impartían casi gratuitamente, habían cambiado el sentido de la vida de miles de personas, incrementándoles felicidad y bienestar.

¿Y cómo era mi vida en aquella época? Hacía poco me había divorciado, vivía en un cuarto en una pensión, trabajaba para sobrevivir, mis ingresos eran menores que mis gastos, no tenía un trabajo fijo, pero para poder vivir trabajaba a toda hora en lo que saliera. Estudiaba de noche en la universidad una carrera que no me satisfacía, sólo quería finalizarla y graduarme, ilusionado en que ya profesional pudiera encontrar un trabajo mejor con más altos ingresos, aunque no me gustara a lo que tendría que dedicar mis días.

Sentía que la vida era injusta, que algunas personas venían con estrella a este mundo y otras, estrelladas; que ser rico o pobre, feliz o infeliz era cuestión del destino. Mi autoestima y autoimagen estaban por el piso. Creía que había personas premiadas por Dios, seres felices y llenos de prosperidad en todos los sentidos y otras, cuya razón no entendía, veníamos llenas de pruebas y dificultades a este mundo.

Estaba seguro que la injusticia reinaba en este planeta y, lo peor, no le encontraba mucho sentido a la vida; cada día era similar al anterior, todo era repetido, la cotidianidad inundaba mis días de nostalgia, fruto de la insatisfacción de mi corazón. La felicidad estaba fuera de mi alcance y se manifestaba en cortos momentos de evasión, alguna fiesta, alguna reunión con amigos, esporádicas actividades que me sacaban de la monotonía de mis días. Mi relación con Dios era muy distante y mi rebeldía ante la vida delataba a un adolescente perdido en el desierto de su propia ignorancia. En este contexto, la buena noticia de la posibilidad de conocer a alguien que pudiera cambiar la ruta y el camino que llevaba mi vida me llenó de alegría. No tardé en pedir una cita para entrevistarme con él. Dos días después estaba en una oficina frente a la persona que más impactaría mi vida: el señor Richard Deeb.

En la sala de espera, y sin saber por qué, mi corazón latía más aceleradamente que de costumbre, un pensamiento incontrolable, revoloteaba a través de mi mente: ¿Qué tal si este señor me decía que aún no estaba preparado para recibir sus enseñanzas? Unos veinte minutos más tarde, que para mí fueron una eternidad, su secretaria Flor Mary me informó que el señor Deeb me invitaba a seguir a su oficina.

Al verle quedé impresionado, supe que me encontraba frente a alguien especial. Su sola presencia comunicaba respeto y sabiduría. La sonrisa que iluminaba su rostro de viejo sabio –le calcule más de setenta años– alegraba el entorno. Alto, erguido y delgado, su mirada profunda mirando más allá de las apariencias y escuchando más allá de las palabras conectándose con la parte sagrada y perfecta de quien le visitaba, sus manos grandes e imponentes eran el primer acercamiento a él, al saludarlo. Para volver del impacto que me causaba su presencia, le pregunté inmediatamente, ¿Cómo se encuentra, señor Deeb? Él contestó sin titubear y mirándome fijamente a los ojos "De maravilla, hijo, de maravilla". Enseguida tomó mi mano, la observó cuidadosamente y sonrió sabía que la sincronía de la vida había predeterminado este momento y era a mí a quien esperaba.

Me habló de mis cualidades y defectos; parecía que me conocía desde siempre, me señaló una serie de cosas que debía aprender en esta vida. Con notorio agrado me expresó que era aceptado para realizar sus cursos, me autorizó a inscribirme inmediatamente –la mayoría de la gente debía esperar dos o tres meses para conseguir un cupo– y me confirmó que volveríamos a encontrarnos y estaría gustoso de compartir algo más de información conmigo. Yo debía prepararme. Me aclaró que nuestra siguiente reunión sería después de finalizado el curso, muchos llamaban de metafísica y otros de autoconocimiento; él prefirió que se le conociera simplemente como el curso del señor Deeb.

Aunque la entrevista fue corta, presentía que me había cruzado con mi destino y que me hallaba en camino de descubrir el propósito de mi vida más conscientemente. Nos despedimos como amigos de antaño y aunque quería quedarme, no encontré excusa para hacerlo ni él dio señal de querer dedicarme un segundo más. Se despidió con una de las dos frases que más le escucharía durante nuestras siguientes reuniones: Que Dios te bendiga, hijo. La otra frase era: De maravilla, hijo, de maravilla. Salí atónito y extasiado de aquel lugar; sabía que había tenido un encuentro con alguien muy especial, pero no que a partir de él mi vida empezaría a mejorar en todos los sentidos.

Medité cada uno de los instantes de aquella reunión, me inscribí para realizar sus cursos y cuando completé ese ciclo concreté una nueva cita con el señor Deeb. Mi inquietud era ahora por qué nadie había escrito sobre sus enseñanzas y, lo más asombroso, por qué teniendo tanta sabiduría él no había escrito ni un libro. Cuando se lo pregunté su respuesta me sorprendió: "Porque vine a aprender humildad a esta vida, hijo, y no deseo hacer nada que pueda engrandecer mi ego".

El curso duró siete semanas, con una intensidad de dos horas al día, de lunes a viernes y aunque no lo dictase él, sentía como si su presencia nos acompañara en cada conferencia. Estos seminarios los dictaban instructores seleccionados por él; mi primer curso lo tomé con una mujer de algo más de 40 años. Me encantaban tanto esos temas, que esas horas se convirtieron en las mejores del día y cada segundo de aquellas semanas llenaron de alegría y sabiduría mis días.

El final de ese seminario fue sorprendente; se hicieron unos ejercicios donde podíamos tener una comunicación en doble vía con Dios. No sólo orábamos y le agradecíamos, sino que también aprendíamos a hacerle preguntas, escucharle y obtener conscientemente respuestas de Dios.

Me sentí tan pleno con lo aprendido en el seminario que lo repetí con otros instructores; me llamó poderosamente la atención que aun siendo los mismos temas, la información siempre era acorde para los presentes. Sentía que había tomado un seminario totalmente diferente, lo que me llevó a repetirlo varias veces más y siempre tuve la misma sensación.

Acerca de las enseñanzas del señor Deeb:

Existen dos tipos de personas. Aquellas víctimas del destino, que están dormidas, a quienes las cosas les suceden, y acostumbran a dejar todo para mañana, su vida se repite monótonamente. El segundo tipo son personas que hacen suceder las cosas, saben que sólo tienen 24 horas, llenan sus días de eventos y experiencias, acostumbran ir a dormir cansadas, viven cada día como si fuera el último de su existencia, se hacen responsables del ciento por ciento de sus resultados, saben que donde están es fruto de lo que han hecho o dejado de hacer, y sus vidas están llenas de continuos y emocionantes nuevos días.

El éxito es la realización progresiva de un sueño; es un camino por disfrutar, no un destino al cual llegar. No te apures —me decía el señor Deeb— no hay adonde llegar, vive plenamente este momento, realmente es lo único que verdaderamente tienes. Descubre los sueños que reposan en tu corazón y enfócate en hacerlos realidad; esto creará plenitud en tu existencia y podrás ingresar en la ruta del éxito.

Me pidió memorizar las diez características de personas que modelan la excelencia:

1. Se enfocan en soluciones, no en los problemas.

2. Saben que todo es susceptible de ser mejorado.

3. Se reconocen como seres sin límites, limitados sólo por su ignorancia.

4. Tienen sueños grandes, con metas claras y planes de acción coherentes para la conquista de esos sueños.

5. Tienen una alta valoración de sí mismos, con una adecuada autoimagen. Creen en Dios, en ellos, en la gente y en lo que hacen.

6. Sus pensamientos permanecen enfocados en sus metas, como si ya las hubiesen conquistado y seleccionan cuidadosamente toda la información que entra a través de sus cinco sentidos.

7. Son visionarios por naturaleza, pueden ver un vaso medio lleno, cuando otros lo ven medio vacío; ven un paraíso donde otros ven sólo un terreno.

8. Cuando cometen un error, lo admiten rápidamente, aprovechan lo útil de esa experiencia y hacen las correcciones necesarias.

9. Cuando hablan de compromisos, saben que un ser humano no debe comprometerse al 99% (hizo lo que pudo), sólo existe una clase de compromiso y éste es al 100% (hizo lo requerido). Este compromiso TOTAL es cuando se hace lo necesario, y cada cual sabe que hizo lo requerido, cuando obtiene los resultados deseados.

10. Saben eliminar de su corazón las excusas, reconocen que detrás de cada excusa existe un mediocre; detrás de una pequeña excusa, un pequeño mediocre y de una gran excusa, un gran mediocre.

Esperando dejar reflexiones en mí, me transmitió algunas lecciones aprendidas años atrás en una escuela de liderazgo, él sabía que al tenerlas en cuenta me ubicarían en el camino de la excelencia:

- Llegar temprano es llegar a tiempo, llegar a tiempo es llegar tarde y llegar tarde es irrespetar a los demás.

- La responsabilidad de la comunicación es del comunicador, por eso es poco responsable decir que alguien no nos ha entendido, es mejor afirmar: no me he explicado correctamente.

- Hace lo que puede el mediocre, hace lo requerido quien está en el camino de la excelencia.

- Para entrar en el camino de la excelencia es primordial reconocer que el momento ideal es el presente, ahora, no en otro momento; y el lugar ideal, aquí, no en otro lugar.

- Si no eres tú ¿quién? Si no es ahora ¿cuándo? Y, si no es lo que estás haciendo ¿qué debes hacer?

Me contó las premisas de Confucio sobre el éxito:
"Si deseas triunfar necesitas tres cosas: relacionarte correctamente con las personas, ser competente en lo que haces y conocerte a ti mismo".

Lecciones impactantes del seminario
con instructores del señor Deeb

El tema más impactante al iniciar el seminario fue el concepto de Dios y la conexión con Él a través de nuestra vibración.

Se definía que Dios es omnipresente, omnisapiente, omnipotente y eterno, como cualidades generalizadas.

Omnipresente: Dios está en todas partes, luego es imposible que algo o alguien se separen de Dios. Hagas lo que hagas, estés donde estés, tú siempre vivirás en el corazón de Dios. Se nos invitaba a sentir la presencia Divina en el día a día, en cada respiración, en lo que viéramos y tocáramos, y a ser capaces de ver a Dios en cada persona que se nos cruzara en nuestro camino, independientemente que fuese un santo o un delincuente. Nos enseñaban que esa separación mental de Dios qué nos habían transmitido era la causa de nuestros mayores males, nos hace sentir indignos tanto de Dios, y de las mejores bendiciones que están presentes para cada uno, y que si nos negamos a vivir bajo esa falsa premisa de separación, la mayoría de nuestros problemas desaparecerían. Continuamente nos recordaban estas frases:

"Dios conmigo, quién contra mí"
"Todo lo puedo en Dios que me fortalece".

Omnisciente: Dios todo lo sabe, y al vivir en el corazón de Dios toda la información, la creatividad, la sabiduría, la iluminación y el conocimiento están también en nosotros; por lo tanto, para conectarme con niveles más altos de información sólo tenía que mejorar mi nivel de vibración y aprender a obtener respuestas dentro de mí. Hasta ahí era aceptable, nuestros niveles de autoestima y autoimagen aumentaban, principalmente cuando recordábamos que Dios nos había hecho a imagen y semejanza; pero desarrollar la capacidad de aplicar esa información con el pordiosero o con el que mataba o robaba o simplemente con aquél cuya calidad de vida más rechazáramos, eso sí era de ligas mayores, de grandes iluminados. Qué difícil fue en esa época dejar de construir falsos dioses y estar dispuestos a hacerle más caso a nuestra sabiduría interna y a creer más en nosotros.

Omnipotente: Dios todo lo puede; después de un análisis simple concluíamos que esta cualidad divina nos convertía en hacedores de milagros y que cuanto más sintiéramos nuestra unión con Dios, mayor sería nuestra capacidad de romper nuestros límites y de hacer milagros. Con razón, en los estudios sobre aquellas personas que han triunfado en la vida, se ha determinado que vivían en comunión con Dios. Gente de todas las religiones triunfa, por consiguiente no se requiere pertenecer a una religión específica ni existe una sola verdadera religión; la coherencia en cuanto a seguir las pautas impuestas por cada religión y la capacidad de mantener una estrecha relación con Dios eran suficientes para manifestar nuestra capacidad ilimitada. Era trascendental aprender a sentirnos dignos de Dios y crear una relación tan estrecha que al comunicarnos con Él encontraríamos al más fiel amigo, que nos acepta como somos y no nos juzga ni nos critica, fuimos creados a su imagen y semejanza.

Eterno: Dios no tiene principio ni fin. Descubrimos que también nosotros, que habitamos en el corazón de Dios, somos eternos y nuestra existencia trasciende más allá de este tiempo-espacio. Sanar nuestra relación con Dios –nos explicaron– es la manera más sencilla de mejorar en todos los aspecto de la vida; nos hace merecedores de todas las bendiciones, gracias a reconocer que ya nos fueron dadas.

Nos repetían que ni una sola alma se perdería porque nada está fuera de Dios, y que tanto el infierno como el cielo son creaciones humanas para indicar una gran diferencia entre nuestra precariedad y nuestra excelencia: el primero representa los límites, la pobreza, enfermedad, ignorancia, sufrimiento, resentimiento y necesidad de hacer daño para ganar, cuando vivimos en la sombra; el segundo representa lo que realmente somos: ilimitados, luz, prosperidad, sabiduría, salud, felicidad, amor y muchas cosas santas.

En ese camino de autodescubrimiento íbamos despertando y transitando desde nuestro propio infierno hasta nuestro propio cielo interno, y desde nuestra perniciosa forma de ver la vida y comportarnos hasta convertirnos en una expresión divina, una manifestación perfecta de Dios, viviendo siempre en el bien mayor y los más altos fines.

Sobre la vibración

Se nos informó que cada elemento del cosmos vibra y esa vibración le permite conectar con un nivel mayor o menor de conciencia, de luz, felicidad, riqueza, salud. En otras palabras, somos imanes que atraemos a nuestra vida aquello que tiene resonancia con nuestra vibración. Y es una verdadera torpeza esperar prosperidad si estamos vibrando con la pobreza; esperar salud, si vibramos con la enfermedad; esperar vivir en la luz, si vibramos con la oscuridad.

Por eso los deseos que no estén acompañados de la vibración adecuada son sólo fantasías, y deseos con la vibración correcta son órdenes cósmicas que se materializarían en el momento oportuno. Cuidar nuestra vibración es cuidar nuestros resultados; por lo tanto, mejorarlos es cuestión de mejorar nuestra vibración, para conectar con nuestra capacidad de atraer mejores resultados a nuestra existencia. Nos enseñaron que la vida es como un gran edificio y nuestra vibración, es el ascensor que nos ubica en los diferentes pisos; lo que encontramos allí no podemos cambiarlo, lo que sí podemos es decidir nuestro destino, mejorando nuestra vibración para estar en el piso correcto, aquél donde están las cosas que deseamos.

Cada ser emite una vibración de pobreza o riqueza, enfermedad o salud, tristeza o felicidad, oscuridad o luz, resentimiento o perdón, odio o amor, soledad o compañía.

Ahora bien, y ¿de dónde surge nuestra vibración? –Nos explicaron– es producto de cinco cosas:
Nuestros pensamientos, sentimientos, palabras, acciones, y alimentación espiritual, mental y física.

Pensamientos de odio generan vibración de odio; pensamientos de seguridad y perdón generan vibración de seguridad y perdón; pensamientos de pobreza, vibración de pobreza, y de riqueza, vibración de riqueza. Lo mismo sucede con nuestras palabras, acciones y sentimientos. Comprendimos que seleccionar muy bien los alimentos es seleccionar correctamente nuestra vibración.

Sobre los contactos

Al culminar el curso del señor Deeb, teníamos una técnica de meditación creativa que denominábamos contactos; a través de la cual aprendimos a escuchar conscientemente a Dios. El primer día escribimos lo que surgía en nuestros pensamientos, un poco para desocupar el subconsciente; el segundo día, en el segundo contacto, hicimos preguntas concretas y obteníamos respuestas exactas a nuestras necesidades, lo que nos llenó de un sentimiento de inmensidad. Fue nuestra graduación para ingresar en el camino del guerrero de la luz, el verdadero camino del autodescubrimiento, con una sensación de poder indescriptible, que sin lugar a dudas erradicaba de nuestro intelecto cualquier duda respecto a la existencia de Dios. A partir de ese momento cada participante de los seminarios empezaba a experimentar una espiritualidad práctica, mayor sentido de la existencia y mayor seguridad tanto en sí mismo como en el futuro.

Al preguntarle al señor Deeb sobre la veracidad de los contactos, solía contestar que más allá de las palabras, lo más importante era verificar el sentido que tenía para nosotros lo que escribíamos y que al aplicarlo nos ayudaba a mejorar nuestra calidad de vida. De todas maneras —nos insistía— cada ser humano, lo reconozca o no, sabe perfectamente cuándo está en el camino correcto y la información viene de la fuente adecuada.

La felicidad que sentíamos en los días de los contactos convertía nuestra noche en una noche buena, anunciando el renacer de Dios en nuestros corazones. Sin miedo a equivocarme, la alegría era igual o mayor a la sentida el día de Navidad, y es bien sabido que la felicidad de la noche más mágica del año es inigualable.

También nos decía que algunas veces sólo escribimos creaciones mentales, fruto de nuestro intelecto y la capacidad de controlar nuestros pensamientos, por lo tanto en lugar de contactar la Divinidad en cada ser, nos comunicábamos con el subconsciente. Aprender a diferenciar entre lo uno y lo otro era parte de la maestría que se iba obteniendo fruto de la práctica de estos ejercicios de meditación. Me insistía en la importancia de discernir continuamente: el discernimiento jamás se debe entregar, es lo que nos guarda de caer en valles de ilusión y en fanatismos sin fundamento.

Después de esta aclaración, me permito transcribir uno de los contactos que tuve en esos finales de curso, que aún hoy en día me impresiona notablemente. Creo sin lugar a dudas que fue Dios quien me habló; sin embargo, dejo a su juicio el seleccionar si lo aquí escrito proviene de Dios o de mi ego.

CONTACTO CON DIOS Y SU MENSAJE

Sobre cómo venimos a este planeta y qué marca la diferencia en nuestros resultados:

Cada ser humano tiene un ángel guardián que nos elige. ¿Quién será de entre nosotros? Es la pregunta que ronda en sus corazones.

Los ángeles son seres de luz y su esencia se sabe ilimitada. Viven en un mundo donde todo es posible, los límites no existen. Sus corazones irradian amor, es decir, aceptación, comprensión, entendimiento, admiración y un ineludible deseo de servir. La verdadera sabiduría puede verse en sus rostros de luz, que guían en su evolución a minerales, vegetales, animales, humanos o cualquier forma que ellos elijan. Podrían pasar de lo celestial a lo humano dependiendo de sus intenciones.

Donde ellos habitan la mente no tiene cabida, allí todo se siente y existe una comunicación de corazón a corazón; las diferencias en la forma son aceptadas, nadie envidia a nadie, se reconocen inseparables, únicos, invencibles en la armonía de la unidad. Entender las diferencias creadas por los humanos es un juego divertido de nunca acabar. La analogía perfecta la presenta el joyero, al sacar tantas formas diferentes del mismo oro y por más que se esmere en cambiar y cambiar el quilate y la forma, la esencia de la joya jamás podría alterarse.

La gran diferencia, sin duda, es que ellos tienen perfecta y total conciencia de su esencia, mientras que en la Tierra los hombres y mujeres son víctimas de su propia ignorancia, fruto de pensar que son lo que sus apariencias reflejan. La confusión entre lo real y lo irreal crea mucho sufrimiento entre los habitantes de la Tierra. Ese dolor se convierte en un camino de autodescubrimiento, y sólo cuando cada cual se ilumina y descubre su inseparabilidad de lo Divino, haciéndose responsable de la creación consciente o inconsciente de sus resultados, surge la aceptación y por ende desaparecen sus límites y el descontento que ello acarrea. Ahora bien, para hacer honor a la veracidad en este relato, debemos entender que los átomos que conforman el Todo, el gran Dios, Universo, Éter, Energía u otro nombre que se le quiera dar, está compuesto por amor, justicia y sabiduría.

El más grande entre los grandes es aquel que no se deja atrapar por la forma y logra ver la grandeza en todos los seres, es capaz de ir de la piel al corazón de las cosas. Pareciera profano, pero el ángel guardián tendría que enseñarle a su guiado a ver a Dios en todo, en el agua, el animal, la planta y en cada ser humano, sea blanco, negro, indio, judío o cristiano; en quien predica, sirve, incluso en quien roba o mata; en fin, reconocer a Dios en el aire que respiras, en TODO.

En el selecto equipo de seres de luz, cuyas formas sólo son divertidas creaciones conscientes, existe total claridad sobre la razón de tanto sufrimiento en la Tierra; para ellos servir es sinónimo de SER, por tal motivo ser elegido es un premio y la forma no importa, cualquiera está bien.

¿Cuál es la misión de estos seres? Desempeñar el papel de ángeles guardianes, acompañar a un ser humano en su periodo de vida, lograr que superen sus inconvenientes para que al descubrir su potencial pasen de la oscuridad a su luz. Además, su misión es sensibilizar y llenarlos de comprensión con sus hermanos, y así tener claro que los límites son autoimpuestos y, lo más importante, que la fuente de lo creado y donde se realizan los milagros está en cada corazón humano.

La elección es muy sencilla; los allí presentes acuden con gran emoción y con un sentido de desapego total, lo que los confirma como seres de luz. Existen para hacer la voluntad Divina, jamás intentarían cuestionarla ni pensarían que fuera de otra forma. La devoción y obediencia los caracteriza; conocen bien el concepto del propósito de vida y la sincronía que se tiene con el Universo. Desde su corazón, nadie tiene ventaja alguna; y si no es en ese momento, será un segundo después o tal vez un año o una eternidad. Lo realmente importante es su disposición de servir cuando sean requeridos.

Se escuchaban muchos aplausos, despedidas, gritos deseando buena suerte y en el rostro del ángel seleccionado mucha humildad y agradecimiento. Finalizan estas reuniones con una invocación de la luz, algunos cánticos sagrados y un ceremonial de amor inefable.

Sobre nuestra capacidad

En este planeta llamado Tierra, Dios tuvo a bien crear al ser humano y al crearle lo hizo a imagen y semejanza; hombre y mujer por Él fueron creados sin límites, sabios y poderosos. Con el paso del tiempo, muchos de ellos olvidaron su esencia y surgió una nueva raza de seres que, ignorantes de su origen, se deleitaban en su precariedad, llenándose de límites y justificando sus resultados, fruto, lógicamente, de su propia ignorancia. Las diferencias eran tan absurdamente diametrales que hubo quien tuvo la osadía de pensar que Dios tenía un sentido de humor y de injusticia casi imperdonable. La verdad, Él nos había hecho, sin excepción, seres de luz e ilimitados, con libre albedrío para elegir.

Desde siempre los seres humanos fueron creados para manifestar la gloria de Dios y estaban llenos de poderes divinos. Lamentablemente, algunos ignoraban sus capacidades y no se daban cuenta de que absolutamente todos tenemos la misma capacidad; que en esencia no existe diferencia entre el santo y el bandido, el ignorante y el letrado, el viejo y el joven, el rico y el pobre, el sano y el enfermo.

¿Cómo podrían descubrir y aplicar sus poderes los seres humanos a favor de la conquista de sus sueños? Principalmente, tendrían que descubrirlos, reconocerlos, identificarlos y saber el máximo secreto sobre nuestros límites: en la medida que aceptes que puedes separarte de Dios, tus límites se acrecentarán y en la medida que sepas que es imposible separarte de Dios, tus límites desaparecerán y obrarás milagros.

Poderes que se dispone para crear calidad de vida:

- El poder de la conexión con lo Divino
- El poder de la conexión contigo y con tus sueños
- El poder de la conexión con el medio ambiente y con los demás
- El poder de la mente maestra
- El poder de la frecuencia vibratoria
- El poder de creer y crear
- El poder de crear con el pensamiento y el verbo
- El poder de la acción
- El poder del sentimiento
- El poder de la asociación
- El poder de la determinación
- El poder del enfoque
- El poder de la atracción
- El poder de la proyección
- El poder de elección
- El poder del alimento físico, el mental y el espiritual
- El poder de la oración
- El poder de los ejercicios espirituales
- El poder de la meditación

- El poder de la contemplación
- El poder de la fe
- El poder del amor

Cada ser que nace se le describe los poderes mencionados, y quedarán grabados en sus corazones y es allí donde deben buscar una y otra vez si desean recordarlos.

Los seres humanos tiene la misma capacidad, y al descubrirla se habrán liberado de un sentimiento bastante molesto como es "el creer que es víctima del destino", haciéndose responsables de sus creaciones en ese momento, empoderándose y deleitándose en el arte de vivir, de vivir aprendiendo, creciendo y avanzando, en el arte de vivir conscientes de sus creaciones. El disco duro de ese computador humano llamado cerebro será el mismo, no existirá ninguna diferencia en el planeta, la capacidad del santo o del delincuente será la misma. ¿Cuál será la gran diferencia? Los programas, los cuales se instalarán poco a poco en las células desde el instante de la concepción y en el cerebro desde el nacimiento. Con la información que reciba a través de los sentidos –lo que escuche dormido o despierto, lo que vea, lo que huela, lo que palpe, lo que saboree, todo quedará grabado durante toda su vida– condicionará su destino. Ojalá más temprano que tarde se responsabilicen de lo que captan a través de sus cinco sentidos, consciente o inconscientemente, porque esa es la materia prima con la que se construyen sus pensamientos: nada podrá salir de su mente si primero no ha ingresado a ella. En los programas mentales está la diferencia; lo que grabes allí, sin importar qué tan lógico o no parezca, será cierto. Jamás se para de grabar y la información predominante en su mente será la que más pronto se materializará.

SEGUNDA PARTE

"Para ti todo es posible, incluso llegar a ser lo que hoy aún no eres."

Cuando para amar es tarde

EL REENCUENTRO

Aunque pasaron varios meses, me sorprendió comprender lo poco que le había extrañado y lo mucho que había permanecido en mí durante ese período, aunque no lo vi, parecía que siempre hubiese estado conmigo durante los seminarios.

Al verlo nuevamente tuve una sensación extraña, como si nos conociéramos de antaño o siempre él hubiera sido el maestro y yo el discípulo. Nuestro saludo fue tan simple y auténtico que mi alma presumía tener recuerdos de otras vidas, tenía la sensación que ese momento lo había vivido antes. Me pregunto:

– ¿Qué te gustó más del seminario? Que acabas de tomar –y sin pausa siguió– ¿Qué preguntas tienes? Estas preguntas aterrizaron a mi narrador de cuentos interno, que alucinaba imaginando tantas cosas.

– Me fascinó comprender que lo que siempre he buscado está dentro de mí y que Dios no es una entidad lejana que debo buscar en algún lugar fuera de mí, sino que el templo es mi cuerpo y su morada es mi corazón. Esto me ha dado mucha más seguridad y un deseo absoluto de conquistar mis sueños. ¡Ah, y me siento feliz de saber que no importa dónde esté ni lo que haga, es imposible separarme de Él! –contesté.

– Me llena de felicidad tu comprensión y aceptación de algo tan significativo y tus ímpetus para comenzar a vivir de una manera diferente.

– También me surgieron algunas dudas, desde que tomé el seminario –agregué.

– Excelente noticia, significa que estás procesando la información recibida. Formula todas tus dudas con tranquilidad, estoy aquí para resolverlas.

– No entendí muy bien lo del ángel guardián.

– Cada uno de nosotros tiene un ángel guardián que lo cuida, protege y orienta –respondió–. Los primeros siete años tiene la potestad de guiarnos y cuidarnos sin solicitárselo, después es necesario invocarlo diariamente para poder tenerlo como protector; pero muchos pasan su existencia sin comunicarse con él y sin conocer ni utilizar esta sabiduría, desperdiciando este poder ilimitado. El consejero mayor, el guía, el que nos puede llevar por el camino de la autorrealización muchas veces espera toda la vida de una persona sin que ésta le llame; y aunque es su labor ayudar, no puede inmiscuirse debe respetar la ley cósmica universal del libre albedrío. Por lo tanto, los ángeles sólo acuden al auxilio de las personas que los invocan.

– Segundo, me pregunto por qué, si somos seres totalmente ilimitados, unos fracasan y otros tienen éxito en la vida.

– Unos fracasan y otros tienen éxito, inconscientemente o consciente algunos siguen la ruta del fracaso y otros la del éxito; ambas rutas son similares entre sí. Por lo tanto, si no se aplican los principios adecuados, las personas se confunden muy fácilmente. Ésta es una excelente oportunidad para darte un regalo, aprovechando esta tarde soleada, en la que algunos eligen dormir porque se sienten sofocados por el calor y otros, trabajar con más ahínco porque se sienten llenos de energía: empezarás a obtener la información que te llevará a la realización de tus sueños, te mostraré paso a paso **la ruta del éxito entenderás** que **fracasar o triunfar es tu elección**. En este aprendizaje invertiremos varias semanas, de modo que estos días se convertirán para ti en una época provechosa, recibirás información que podrás digerir, durante un tiempo oportuno, hasta que este conocimiento se geste como sabiduría en tu interior.

– ¡Cómo, –exclamé– existe una ruta para obtener éxito!

– Sí. Fracasar o triunfar en la vida es tu elección, no depende del destino ni del azar. Un triunfador es quien consigue hacer lo que se propuso hacer; un fracasado es quien dice que va a hacer algo y no consigue hacerlo. Si dices "voy a practicar un deporte", eres un triunfador si lo haces, independientemente de si ganas o pierdes en el juego; mas, si te propusiste ganar en ese deporte, sólo eres un triunfador cuando obtengas ese resultado. Comencemos a aprender la ruta del éxito.

LA RUTA DEL ÉXITO

Descripción de la fórmula

Primero vamos a plasmar la fórmula y posteriormente la analizaremos en detalle: Los resultados obtenidos por los seres humanos son fruto de sus **creencias** más sus **hábitos**. Por lo tanto, quien sabe exactamente lo que quiere y lo consigue obtiene resultados exitosos; por el contrario, las personas que no saben a cabalidad lo que anhelan a menudo obtienen resultados diferentes a los deseados.

– En este diagrama está explicada en detalle la ruta del éxito; analízalo y cuando estés listo dime lo que consideras más importante.

– Gracias –respondí y quedé atónito. No analicé nada, sólo veía una ruta, un mapa que cualquier niño podría entender; era muy elemental. Entonces, ¿por qué se nos dificulta tanto tener éxito en la vida? La única respuesta que llegó a mí fue: ignorancia. Minutos después, interrumpí mi silencio. —Lo más importante es determinar el resultado exitoso, saber exactamente lo que queremos —dije lleno de orgullo como el niño que sabe exactamente la respuesta y espera su premio.

— Perfecto —contestó con un ademán de satisfacción por mi respuesta—, vas por buen camino. La existencia y circunstancias de la gente serían muy diferentes si cada persona antes de iniciar una labor se pregunta: ¿Cuál es el resultado exitoso de esto que voy a hacer?, o cuando pretendiera resolver un problema iniciara planteándose el resultado exitoso esperado. Por una parte, estaría mucho más motivada al iniciar su labor y, por otra, la respuesta que obtendría al planteamiento de su problema sería mucho más sabia y, sin lugar a dudas, la correcta. Ahora sí, entremos en el análisis de esta maravillosa ruta del éxito. Te reitero que vamos paso a paso, pero ten mucho cuidado, lo elemental de la misma puede desilusionar tu intelecto que está acostumbrado a lo difícil y complicado. A menudo se olvida que en lo simple y elemental se encuentran las soluciones más sabias a nuestros problemas. Para que puedas ir más allá de tu intelecto y escuches tu parte más sabia que te habla a través de lo que sientes, te recomiendo tomar una respiración profunda y enfocarte en ver paso a paso la ruta del éxito. Comprenderás que fracasar o triunfar es una elección, aunque muchos opinen lo contrario, como aquellos que culpan al destino de lo que obtienen.

Empecemos con el planteamiento más elemental de la fórmula:

Creencias + hábitos = Resultados

Todos los seres humanos, en las diferentes áreas de nuestra vida, obtenemos resultados de nuestros actos. Y sólo cuando te preguntas concretamente ¿qué quiero?, puedes evaluar si lo que consigues en tu realidad de mundo es igual a lo que deseas. Esta sencilla y sabia pregunta debes planteártela con más frecuencia de lo que crees. Ahora la fórmula adquiere otro componente:

Creencias + hábitos = Resultados exitosos

Ahora bien, ¿de dónde surgen las creencias y cómo te conducen a la creación de tus hábitos o, lo que es lo mismo, a tu segunda naturaleza o sabiduría? Es importante saber y recordar siempre que la sabiduría no se encuentra en la información que posees sino en tus hábitos, es decir, las acciones que ejecutas cada día con alguna frecuencia. Toma nota de todas las variables la ruta del éxito:

LA RUTA DEL ÉXITO

TODO ES MENTE

Aprende esta ley universal: todo es mente, escucha bien, todo. Del mundo de las posibilidades, tú sacas a través de tus imágenes y palabras tu realidad de mundo, a esto se denomina pensar. Es necesario saber cuál es la función de la mente. La mente ha grabado desde siempre todas tus experiencias durante la eternidad; la mente se manifiesta en cada átomo del universo, a escala individual a través tuyo, en cada célula de tu ser y lingüísticamente a través de tu cerebro.

La mente se divide en consciente e inconsciente:

La mente consciente está diseñada para determinar lo que se quiere; es individual, pertenece sólo a tus experiencias. Es la parte de la mente que tienes a tu cargo. La mente consciente te da la energía y motivación necesarias para que logres tomar acción, para ir desde donde estás hacia donde quieres llegar. Su función es determinar exactamente lo que quieres, y esto marca la diferencia. La mayoría de las personas vive pensando en cómo hacer las cosas, ignoran que esa es función de la mente inconsciente; nuestra función, o sea, la función de la mente consciente debe ser elegir y determinar exactamente lo que deseamos, es decir, el resultado exitoso, lo que queremos.

La mente inconsciente, por el contrario, contiene la sabiduría de todos los tiempos. El macrocosmos está conectado a través del inconsciente; éste responde afirmativamente a lo que le plantees, para él no existen los límites. La mente inconsciente recibe la información de manera literal, sin cuestionarla; para ella todo es cierto; ella determina la estrategia, es decir, cómo conseguir lo que se desea. Más adelante aprenderás cómo reprogramarte para utilizar a tu favor esta sabiduría eterna. La información que una persona necesita para realizar sus objetivos está en el inconsciente; éste sabe qué es lo mejor para cada persona, y no existe una mente inconsciente que sepa más que otra, porque realmente es la misma, una sola. La mente inconsciente es la encargada de las estrategias; tan pronto tú deseas algo, sabe exactamente cómo hacer realidad tu deseo, el cómo concierne al inconsciente. Para materializarlo necesitas aprender unos principios que te explicaré a medida que vayamos desarrollando la ruta del éxito. Por ahora, ten en cuenta que al enfocarte en el "cómo" te sentirás cansado, porque te sales de tu nivel de competencia. Cuando alguien está desmotivado es porque su enfoque está en el cómo.

Cuando te encuentras motivado o percibes personas que viven continuamente motivadas, puedes verificar que su enfoque está en lo que quieren, en el resultado exitoso. Por ejemplo, al levantarte, tú eliges conscientemente ir al baño, de inmediato la mente inconsciente se encarga de dar las órdenes necesarias para que la ejecución se lleve a cabo correctamente, es decir, mover los músculos del cuerpo y caminar hacia allí. Lo mismo sucede con las órdenes que te des. Desayunar o ir al trabajo; tú decides qué quieres, y del cómo se encarga la mente inconsciente. El 95% de nuestras decisiones son inconscientes (cómo) y sólo 5% son conscientes (qué), por lo tanto tu obligación es determinar exactamente lo que deseas, el universo se encargará de los detalles para hacer realidad tus sueños.

Aquí encontramos la primera gran razón de que algunas personas tengan éxito y otras, no. Las primeras ocupan su tiempo en determinar exactamente lo que quieren; sabiendo cómo se ve, cómo se escucha, a qué sabe, a qué huele y cómo se siente lo que desean, cuándo lo quieren, dónde, con quién y por qué lo quieren. Las segundas, que casi nunca obtienen lo que desean, se enfocan constantemente en cómo conseguir las cosas, muchas veces sin determinar primero el resultado exitoso. El "cómo" jamás motiva a la gente, sólo el "qué". Esta es la razón que muchas personas sufren parálisis por análisis, quieren saber cómo hacer las cosas, sin tener claro por qué hacerlo; su mente logra paralizarlos, hasta que elijan el camino correcto. La depresión de la que sufre mucha gente es fruto más de pensar que de actuar; muchas veces con sólo ponerlas en movimiento la depresión desaparece.

Lo primero es determinar el resultado exitoso, es primordial recordar que pensar es crear; en este orden de ideas, Descartes afirmó "Pienso luego existo"; y realmente se está creando cuando se está determinando el resultado exitoso que se desea, sin límites, los cuales generalmente son fruto de la ignorancia colectiva. Cuando se es capaz de sacar el pincel de la imaginación y colorear los propios sueños, con lujo de detalles, sin dar crédito a lo que la gente determina como posible o imposible, se está pensando; de lo contrario se están reproduciendo pensamientos de otros. Los grandes pensadores de la historia son aquellos capaces de imaginar el futuro viviéndolo en detalle y empezar a construirlo en el presente.

Estamos diseñados para elegir y determinar qué queremos, desde las cosas materiales hasta nuestro propósito en la vida. Si quieres vivir motivado, sé consciente del resultado exitoso de lo que haces. Por otro lado, si quieres lograr que otras personas vivan motivadas, acostúmbrate a hablarles del resultado exitoso de lo que están haciendo. Si tú u otra persona no actúan, no trates de presionarte o presionarle, sólo evalúa los motivos quizá no son lo suficientemente inspiradores.

— Vamos despacio, por favor, cómo es esto de la inspiración –objeté.

— Para actuar se requiere tener un objetivo que inspire a moverse. Si quieres que alguien tome acción, enfoca tu energía en hacer cada vez más vívido el resultado exitoso; ésta es la clave de la motivación humana. Saber exactamente qué se quiere es tener gran parte de tu deseo materializado. Si aprendes a determinar los motivos que te mueven a ti y a los demás a actuar, tendrás el mundo a tus pies. Sí, los motivos son prácticamente lo mismo que los resultados exitosos. No debes suponer nada, mejor pregunta constantemente y lo sabrás con exactitud, lo que tú crees que motiva a alguien puede ser diferente de lo que realmente le motiva. Enséñales a las personas a dibujar en la imaginación sus sueños como si los hubiesen realizado y serás un inspirador de vidas, alegrarás sus corazones e inculcarás poder en su presente.

— Sinceramente, a mí me parece manipulación usar lo que conozco para lograr que la gente actúe o haga algo.

– Manipular es si tú deseas, de una manera disfrazada, que tus motivos se conviertan en los motivos de otras personas. Yo te estoy enseñando algo muy diferente: por un lado que tengas claros tus motivos y resultados exitosos; y por otro, que ayudes a otros a aclarar sus propios motivos y resultados exitosos, estás logrando que avancen por el camino de su existencia aplicando principios de éxito.

– Yo muchas veces he sabido lo que quiero y, sin embargo, no todos mis sueños los he conseguido. Es más, lo que realmente deseo con el alma no lo tengo aún ¿cuál podría ser el motivo?

– Eso no es tan cierto, quizás sepas lo que quieres en general, pero no exactamente lo que quieres, con precisión. Por ejemplo, la gente quiere viajar, tener casa propia, carro nuevo, estudiar, ir de compras, salir a buenos restaurantes, ayudar a otras personas y mantener un excelente estado de salud. ¿Eso es saber exactamente lo que se quiere?

– ¡Claro que no! –exclamé, y me sentí orgulloso de mi respuesta, en un principio pensé que sí, pero afortunadamente analicé y encontré la respuesta correcta–. Necesitan saber, por ejemplo, a dónde quieren viajar, cuándo, si en avión, por cuál aerolínea, con quién, durante cuánto tiempo, darle el mayor número de detalles a la mente inconsciente te ayudará a materializar más rápido ese sueño. Si es una casa, necesitan saber dónde la desean, de cuántos metros cuadrados, cuántas habitaciones, cuántos pisos, cuántos baños, la forma de la fachada y los detalles del interior.

– ¡Lo has dicho!. Mientras más detalles, mejor. Si deseas tener éxito, el primer paso es volverte un maestro de los detalles, de modo que si alguien te pregunta tus deseos, puedas narrarlos automáticamente, sin pensar, del mismo modo que pronuncias tu nombre. Es muy importante estar atento a lo que sientes en cuanto al obtener ese resultado. Observa tus sentimientos, jamás te mentirán; y te pueden indicar si estás feliz o te falta algo, o tal vez si lo que deseas no te conviene. Todo eso lo puedes determinar si aprendes a observar conscientemente lo que sientes. También es cierto que en cuanto estableces claramente lo que quieres y realmente lo deseas, la forma más rápida de conseguir materializar tus sueños es sentir, pensar y actuar como si ya fueran una realidad, un hecho. Mantener tal certeza que por nada del mundo dudarías de su materialización en el momento y forma en que lo has deseado.

– ¿Qué debo hacer para concretar y materializar mis deseos?

– Existen tres pasos muy importantes para lograr más rápido tus deseos:

1. Saber exactamente lo que quieres, determinando su ecología, deseando siempre en el bien mayor y los más altos fines. Esto es trascendental, de lo contrario serías un creador falaz, para quien el fin justifica los medios; ese tipo de pensamiento en lugar de apoyar, limita y genera creaciones que causarán arrepentimiento en el futuro. En cuanto estés seguro de haber sido ecológico en tu creación, sólo enfócate en los detalles, involucra al máximo tus cinco sentidos, determina cuándo, dónde y con quién deseas disfrutar esos sueños.

2. Encuadrar correctamente tu expectativa. Recuerda siempre que a tu vida llegará no lo que deseas, sino aquello que esperas recibir. Te insisto en esto porque en la mayoría de los casos, las personas tienen claros, concretos y bellos sueños, pero internamente jamás esperan de corazón que se hagan realidad. Esa expectativa es lo que en la polaridad positiva se llama fe y en la negativa, temor.

3. Permitir que las cosas sucedan. Éste es quizá el paso más importante; consiste en incluir los sentimientos correctos que permitan el fluir de la energía a tu favor; sentimientos de alegría, paciencia, certeza y,

primordialmente, de agradecimiento. Posiblemente por esa razón el maestro Jesús el Cristo nos recomendaba tanto dar las gracias incluso antes de recibir las bendiciones que estábamos implorando.

En resumen, saber lo que quieres, tener la confianza en que se hará realidad y agradecer antes que lo hayas recibido, se materializará más rápidamente tus sueños en esta realidad.

– Si le he pedido a Dios algo que no me conviene, ¿de qué otra manera puedo saberlo además de sentirlo?

– Dios siempre responde nuestras plegarias y normalmente tiene tres respuestas o lo que deseas:

- se materializa en el instante mismo que tú lo quieres,
- O más tarde porque te conviene más en un futuro.
- De lo que pides él te tiene algo mejor, solo ten paciencia y espera.

Lo cierto es que Dios siempre responde nuestras plegarias. En este momento que estás aprendiendo el primer paso de la ruta del éxito, es importante que generes o crees un ancla para jamás olvidarlo.

– ¿Un ancla?

– Una forma de recordar automáticamente algo. Por ejemplo, levantar tu dedo pulgar es un ancla que le recuerda a tu mente que todo está bien. Sonreír es un ancla que refleja felicidad. Una de las anclas que se reconocen como más efectivas es colocarte la mano en el corazón cuando estás haciendo un decreto. Coloca tu mano en el corazón el mayor número de veces y repite en voz alta: Yo soy feliz, yo soy exitoso, o la afirmación que necesites en determinada situación. Mirarse en el espejo directamente al ojo izquierdo cuando enuncias tus decretos es un ancla que te conecta con el inconsciente, generando una especie de autohipnosis, para obtener más rápidamente lo decretado.

– ¿Cuál sería el ancla para este primer paso?

– Cuando estés haciendo algo, trae a tu mente a Superman, él es la imagen de un superhombre o de un loco con los calzoncillos por fuera, depende de cómo lo mires. Si sabes exactamente para qué estás realizando determinada acción, estás asumiendo la posición de Superman; pero si no tienes claro el resultado exitoso y tomas acción, estás asumiendo el papel de una persona despistada que no se ha percatado que se vistió al revés. Este ejercicio lo puedes hacer continuamente: al levantarte, determinando si tienes claro o no el resultado exitoso del día; al relacionarte con alguien, estableciendo el resultado exitoso de ese momento compartido; al querer aprender algo; al desear viajar; al desear trabajar; siempre establece el resultado exitoso primero. No existe bueno o malo, sólo el móvil correcto; establecer realmente para qué se hace algo es honestidad.

– ¿Esto no sería volvernos cuadriculados, interesados, calculadores? –pregunté. Cada pregunta que me surgía la hacía automáticamente, no me cuestionaba a mí mismo para nada.

– No; es aplicar el primer principio del éxito, saber exactamente lo que se quiere. Desde que naciste y durante toda tu vida te estarás desplazando desde el punto A, lugar donde te encuentras, al punto B, lugar donde deseas llegar; determinar claramente B es la mejor manera de iniciar un camino. Además, tenemos en nuestro cerebro algo conocido como órgano activador reticular, el cual se encarga de eliminar la información que no necesitamos para llegar adonde deseamos ir. Si no establecemos concretamente B, podremos perder mucho tiempo ya que vendrán varios distractores; el órgano activador reticular es el encargado de mantenernos enfocados. Por ejemplo, tómate unos minutos para hacer este ejercicio: mira a tu alrededor y busca donde haya algo de color rojo, y luego, a la cuenta de tres, enfócate en ver lo amarillo; te sorprenderá constatar que este órgano activador reticular en primera instancia te enfocó sólo en los rojos, aun cuando había muchos amarillos a tu alrededor.

Lo mismo sucede con las metas; elimina los distractores que te alejan de ellas. No empezar con un fin en mente es un error gravísimo. Acostúmbrate a determinar exactamente lo que quieres antes de tomar acción y entrarás en el camino del éxito. Al iniciar algo, tu primer pensamiento debe ser establecer exactamente cómo es B, o mejor, el lugar adonde quieres llegar, o lo que deseas obtener, y mientras más claro lo tengas, será mucho más fácil recorrer ese camino.

– Entonces, quienes predican disfrutar el presente y dejar de vivir en el futuro ¿están equivocados?

– No, por el contrario. Es necesario traer a B al presente, para vivir más plenamente en A; fe en el futuro es fuerza en el presente. Una razón por la que tanta gente va por este mundo como zombis es que no han establecido claramente qué desean en B y por ende carecen de motivación. Incluso los seres que se consideran muy espirituales y renunciaron a lo material han determinado su B en lo divino y saben exactamente cuál es ese B; esto les permite entregarse horas o días enteros a la meditación y la oración. El problema ya no radica en dejar de disfrutar el presente, sino en evadirse de sí mismo, imaginando una cantidad de fantasías dispersas, sin sentido, que le apartan del aquí y el ahora. Muy por el contrario, traer B al presente es crear concretamente lo que se desea obtener mañana, es utilizar en el aquí y el ahora nuestra capacidad de crear, es reconocer nuestro poder creador ilimitado.

Establece claramente dónde estás (A) y adónde quieres llegar (B) en las siguientes áreas de tu vida, quien no sabe para dónde va, ya llegó:

- Área espiritual
- Área física
- Área de relaciones
- Área de educación
- Área laboral
- Área económica
- Área de recreación

– Y en el caso de quien estudia una carrera universitaria y se enfoca en ser un buen estudiante para graduarse con honores y así lograr obtener un excelente trabajo, esperando que le vaya bien en futuro.

– Si te das cuenta, no está aplicando coherentemente el primer paso hacia el éxito, lo primero es saber en qué consiste ser un profesional de éxito, cómo le gustaría ser en el futuro, dónde le agradaría laborar, cuánto le gustaría ganar. En pocas palabras, si sabe en detalle cómo quiere vivir en su área laboral en el futuro, seguro será un mejor estudiante en el presente.

– ¿Todo se trata de aceptación, dedicarnos a establecer claramente B antes de tomar acción en A y tener paciencia?

– Sí, es importantísima la aceptación, es la clave de la felicidad. Además, establecer claramente B, principio número uno del éxito; tener paciencia –paz y ciencia–, la virtud más grande que mortal alguno pueda poseer, y poner todo en las manos de Dios. Ahora que sabes esto, te mostraré algunas técnicas para lograr más rápido los resultados exitosos, una vez hayas establecido B:

Primero necesitas establecer una adecuada formulación de objetivos. La mayoría de la gente no se dedica suficiente a este aspecto, y comete un gran error, cuando no se planea el éxito, sin saberlo se está planeando el fracaso. La pregunta constante que te hace el universo, las 24 horas del día, es ¿Qué quieres? Y lo sepas o no, tu respuesta viene a través de tus pensamientos y palabras. Al levantarte tu primer pensamiento delinea tu día, por lo tanto necesitas seleccionarlo cuidadosamente, lo mismo que tus palabras. En la formulación de objetivos ten en cuenta plantearte tus deseos en primera persona, YO, en presente, AHORA y en afirmativo, determinando lo que quieres, en lugar de saber lo que no quieres.

Asegura la ecología de tus deseos, esto es, comprueba que tus deseos te convienen a ti, a los demás y a la naturaleza. En pocas palabras: nadie, absolutamente nadie debe perder. Plantéate siempre un gano-ganas.

Algunas técnicas para materializar más rápido nuestros resultados exitosos

1. **Mapa del tesoro.** Plasma en una cartelera tus anhelos; pega lo que deseas como si ya lo hubieses obtenido, tómate una foto en posesión de aquello que sueñas, si lo recortado es de una revista, coloca una foto tuya para que esto sea parte de tu realidad, selecciona tu fotografía en la que te veas feliz. Orienta tus anhelos en siete aspectos importantes de la vida, así:

- Aspecto espiritual: pega una imagen que te conecte con lo divino, pensando siempre que tú quieres que todos tus deseos se materialicen dentro del bien mayor y los más altos fines. En pocas palabras, que la perfección y la mano de Dios guíe la materialización de tus sueños, en el momento oportuno, de acuerdo con la voluntad divina, bajo la gracia y de manera perfecta.

- Aspecto físico: coloca una imagen de cuerpo entero de tu cuerpo ideal, o una foto tuya del pasado donde tenías el cuerpo que deseas ahora. Si la imagen es recortada de una revista, pon en ella la foto de tu cara.

- Aspecto de relaciones: si deseas una relación de pareja, pega en la cartelera una foto de cuerpo entero de una persona cuyos rasgos sean lo más parecido a la persona con la que deseas compartir, y al lado una foto tuya de cuerpo entero «sintiéndote pleno». Si ya tienes pareja, escoge una foto de tu pareja o familia donde te recuerde momentos muy felices. Si lo que buscas es tener muchos amigos, recorta una imagen de una revista con mucha gente disfrutando y coloca la foto de tu cara en una de ellas o una foto de cuerpo entero que coordine con esa imagen, si lo deseas.

- Aspecto educativo: selecciona la imagen del lugar donde deseas estudiar, la carrera universitaria que quieres estudiar y una fotografía de alguien graduándose y que se vea feliz. O lo que quieres aprender, ejemplo: un deporte, una carrera técnica, un idioma, tocar algún instrumento, aprender algún arte. En la cartelera puedes pegar lo que desees, recuerda colocar tu foto con una imagen que represente lo que deseas aprender, y ten en mente que ya lo sabes.

▪ Aspecto laboral: pega una imagen que represente la forma en que te gustaría ganar tus ingresos. Si deseas trabajar pon el lugar donde te gustaría laborar y la fotografía de la empresa; tu foto en ella señalando el cargo y los ingresos que te gustarían. Si eres empresario, el tipo de empresa exitosa que te gustaría tener, la imagen de una junta directiva y tu foto en medio de esa junta, anunciando que has superado todas tus metas. Recuerda establecer cuánta ganancia mensual quieres obtener de la empresa.

▪ Aspecto económico: coloca todas las cosas que deseas tener, tu carro o carros, la casa de tus sueños, la finca, el avión, las joyas, el computador, ropa. También puedes añadir los restaurantes que deseas visitar, la gente a la que te gustaría ayudar, las comodidades que deseas para tu casa u oficina, neveras, sala, comedor, cuadros, lavadora, secadora, estéreos, televisores; absolutamente todo lo que desees, ten cuidado con lo que deseas, todo se cumple.

▪ Aspecto de recreación: elige los lugares adonde deseas ir a pasar vacaciones; puedes desear ir a diferentes lugares del mundo. Pega imágenes de los lugares específicos de cada país que deseas conocer. Escoge hoteles de primera clase y viajes en primera clase, una fotografía tuya y de personas con quienes apeteces ir. Los límites los colocas tú; desear algo menos que lo mejor es un problema de baja autoestima.

Titula la cartelera, mapa de sueños, mapa del tesoro, u otro nombre que quieras. Ten en cuenta de no dejar espacios libres entre foto y foto, toda la cartelera debe estar llena y no importa el orden en el que coloques tus sueños. Una vez lista, colócala en la pared frente a tu cama y confirma que es lo último que miras antes de dormirte en la noche y lo primero al levantarte la mañana siguiente, y acompaña la mirada de estas imágenes con una oración: Gracias, Padre, sé que has dado la orden para que esto se realice, en el momento perfecto, de acuerdo con tu voluntad, para el bien mayor y los más altos fines. Ve quitando aquello que se va materializando y reemplázalo por un nuevo sueño. El sólo hecho de mirar esta cartelera te llenará de energía, para vivir tu día al ciento por ciento.

– ¿Así de fácil es ver y esperar milagros?

– Si así es. El "cómo" para conseguir lo que quieres, se lo dejas al universo mismo; para aquel que creó el día y la noche, el sol y la luna, las galaxias, la naturaleza, el reino mineral, vegetal y animal, estoy seguro que a Él le será muy fácil realizar tus sueños. Por ahora: ten certeza y confianza, está es la clave, es importante constatar lo que estás pensando"realmente". Muchas veces creemos que estamos pensando y realmente estamos siendo pensados, o vivimos dentro de los límites que nos impusieron inconscientemente nuestros padres; de lo que para ellos era posible o imposible, correcto o incorrecto.

Me han preguntado:

¿Cuál será el futuro de nuestras fuerzas armadas?

¿Cuál será el futuro de esta universidad? –Lugar donde pronunciaba una conferencia–

¿Cuál es el futuro de mi empresa? –Me preguntó un empresario

Y a todos les di la misma respuesta: ninguno. Sus caras empalidecieron en todos los casos, por la aseveración sorpresiva que emitía; luego les dejaba claro que lo correcto es crear las fuerzas armadas del futuro, la universidad del futuro, la empresa del futuro.

Aunque aparentemente no había diferencia, en verdad, sí existía y grande: en el primer caso lo único que se está haciendo es reproducir pensamientos pensados por otros, es vivir en los paradigmas actuales; en el segundo, es ir al futuro para ver observar todo desde esa perspectiva más allá de los límites del tiempo, el dinero y demás paradigmas. Esto nos hace creadores ilimitados y eso es pensar, crear.

Si te acostumbras a ir al futuro y pensar cómo te gustaría vivir allí y vienes al presente a ejecutar las acciones necesarias para llegar a ese futuro que tú has creado, eres co-creador con Dios y estás despertando de la hipnosis que te hace creer que los cambios deben ser lentos y paulatinos, cuando en realidad, los límites de espacio, tiempo y velocidad los pones tú como creador. Para Dios es lo mismo ahora que en un siglo; fácil o difícil, poquito o mucho, caro o barato, esos obstáculos son parte de nuestro intelecto, creer es crear, sólo mantén claro los detalles de lo que quieres.

No caigas en la trampa de las generalidades; desear viajar no basta, se deber determinar a dónde, cuándo, con quién, durante cuánto tiempo, a qué hotel, en qué aerolínea. Lo mismo debes hacer al soñar con la casa de tus sueños; no te limites en la creación con solo decir "Quiero comprar una casa", tal vez lo que quieres es poseer una casa y no importa si la compras, te la regalan o te la ganas en una rifa. No limites los medios de consecución de tus objetivos. Ejemplo, tú no quieres tener un millón de dólares como sea, seguro que no deseas recibirlo en compensación de una póliza por la muerte de un familiar; ni quieres perder cinco kilos como sea, menos si fuera consecuencia de perder una pierna o un brazo en un accidente. Sé sabio en tus creaciones, cuídate de generalidades y observa siempre la ecología de tus deseos. Una buena fórmula para lograrlo es cambiar de perspectiva, es decir, pasar de ser quien pide a convertirse en quien realiza los sueños. Piensa "si esto me lo estuviesen pidiendo a mí, cuántas interpretaciones posibles tendría este pedido", verifica que estás siendo claro y preciso.

– Dijo que existen varias técnicas para materializar rápidamente nuestros resultados exitosos, ¿cuáles son?

– Vamos despacio; hoy aprenderás siete y con ellas será suficiente para realizar tus más profundos sueños.

2. **Cartelera de metas**. Haz una cartelera donde redactes en primera persona y en afirmativo, la fecha exacta de la conquista de cada uno de tus sueños, agregando palabras de poder que generen en ti entusiasmo y felicidad:

Ejemplo:

Yo _____ _____, hoy lunes 15 de noviembre de _____, me siento plenamente feliz por haber conseguido _____.

Tu cartelera debe contener las siete afirmaciones correspondientes a cada uno de los siete aspectos mencionados en el punto anterior. Será mucho más efectivo si utilizas el color rojo para las letras y de color amarillo para el fondo, esto hará que se fije más profundamente en tu inconsciente cada vez que la veas, por lo tanto te apoyará a materializar tus deseos en la fecha preestablecida por ti. Coloca esta cartelera también en tu alcoba, donde la puedas leer, después de haber fijado tu atención en el mapa de sueños.

3. **El poder de la imaginación**. Selecciona un lugar cómodo en tu casa u oficina y dedica treinta minutos diarios al arte de crear, si deseas prende una vela e invoca la luz de Dios que nunca falla.

– ¿Cómo se invoca la Luz de Dios?

– Sólo necesitas decir: "Señor, invoco tu luz, para el bien mayor y los más altos fines, para que lo que yo cree en esta visualización sea materializado bajo la gracia y de manera perfecta. Gracias, Padre, que me estás escuchando". La Luz ha sido invocada.

Al iniciar tu visualización, siéntate en un sofá o silla cómoda, cierra los ojos, cuenta del diez al uno, e imagina que en la medida que desciendes en cada número, estás bajando una escalera, escalón por escalón, tu cuerpo y tu mente se relajan y se tranquilizan cada vez más y más. Relaja tu respiración y observa cómo inhalas y exhalas lentamente, al llegar al número uno debes estar plenamente relajado. Luego lleva tu atención al centro del cerebro; esto lo consigues dándole la orden a tu pensamiento que vaya allí, al igual que cuando piensas en tu estómago, en tu pie izquierdo u otras partes de tu cuerpo. Una vez escuches un susurro en el centro del cerebro, similar al producido por el viento, ordénale a la sangre fluir con más intensidad hacia el mismo lugar; esto incrementará la cantidad y la calidad de tu energía, y se oxigena mejor el cerebro.

Imagina que de lo más alto del universo viene una luz blanca que te envuelve, luego con la tranquilidad de saberte apoyado por Dios, empieza a visualizarte, como en una película, con movimiento, en color y siendo tú el protagonista, que has logrado tú sueño. Involucra al máximo tus cinco sentidos, mira lo que está a tu alrededor, hazlo claro y brillante, observa los detalles, usa tu imaginación, recibe felicitaciones de tus amigos por tus logros que tanto deseabas, el susurro del viento, los aplausos, siente el olor del medio ambiente, relaciónalo con algo muy agradable, toca en tu imaginación lo que has creado, experimenta cómo se siente, manifiesta felicidad, sonrisa, entusiasmo, siente el abrazo de alguien si está contigo, siente la sensación de estrechar tu mano con otra persona, imagina algún sabor que te conecte con esa creación, puede ser tomando un café, agua o un jugo, observa los detalles que existen a tu alrededor, visualiza un ambiente cálido y sé tú el personaje principal el protagonista de esa creación, asóciate a esa experiencia lo máximo posible.

Algunas personas se quejan de no ver nada; la razón es simple: todos tenemos los mismos cinco sentidos, algunos tienen más desarrollados unos sentidos que otros, unos son más visuales, otros más auditivos y otros más cinéticos. Por lo tanto, no te preocupes, disfruta imaginando con tu sentido más desarrollado; involucra totalmente tus cinco sentidos.

Recuerda: mientras más, mejor. No imagines el proceso, cómo lo vas a conseguir, sólo enfócate en el resultado exitoso y al final cuando disfrutes tu tiempo de creación, da las gracias sabiendo que esto se hará realidad en el momento perfecto y en el lugar adecuado.

Recuerda estar atento a lo que sientes, ahí está la clave para saber si estamos creando en perfección o no. Si algo te incomoda pregúntate por qué y te darás cuenta de cómo a través de ti llega la respuesta, cada día confía más en tu intuición, que es la voz misma de Dios. Siéntete feliz, como si supieras que tu pedido ya fue ordenado y nada ni nadie podrán alejarte de la conquista perfecta de esa creación. Da las gracias con la certeza que es real y mantén tu creación en secreto, no comentes con nadie tu visualización. Por una parte; callar te ayudará a concentrar más energía en tu creación y, por otra, porque tú no sabes qué se guarda en el corazón o la mente de la persona que le cuentes, ni conoces los límites de lo que para ella es posible o no. Por lo tanto, es preferible que ni a tu familia le comentes, así te vas acostumbrando también a hablar de resultados y no de procesos.

Al terminar tu visualización cuenta del uno al diez, con cada número ve subiendo un escalón; a medida que avanzas empieza a sentir que tu respiración y tu sistema sanguíneo se normalizan, siente los músculos de tu cuerpo, abre los ojos y cuando estés con plena conciencia de tu cuerpo, debes estar en el escalón diez, lleno de energía y entusiasmo.

– Y si durante el día la duda empieza a rondar mi mente ¿qué hago?

– Manejar la duda es bastante fácil; sólo necesitas llenarte de evidencias afirmativas suficientes, ya sea a través de información o de experiencias. Cuando las dudas ronden tu mente, sólo afirma que Dios está a cargo y que tus deseos se harán realidad antes de lo que tú imaginas. Lo mismo cuando el narrador de cuentos entre en acción; pasará muchas veces, todos tenemos ese charlatán interior que o bien nos hace dudar o simplemente nos desenfoca de lo que deseamos, creándonos nuevas fantasías, las cuales en la mayoría de los casos, aunque aparentemente tienen que ver

con nuestras creaciones, sólo nos están robando energía.
– ¿Narrador de cuentos?

– Sí, el narrador de cuentos es un distractor interno que se encarga de desviar tu enfoque, dándote alternativas desempoderantes y robándote el tiempo que has elegido para visualizar tu resultado exitoso; estas fantasías casi siempre nos hablan de procesos, de cómo conseguir las cosas: si, tú deseas incrementar prosperidad y la forma para lograrlo es mejorar tus resultados laborales, obteniendo un ascenso o incrementando tu producción, si te pagan por resultados. Tu enfoque es verte en B, logrando tu ascenso o incrementando tu producción. Debes consagrar el tiempo necesario a visualizar el resultado exitoso; para que sea más efectivo, dedícale mínimo 30 minutos al día, y no dejes que el charlatán interno te distraiga. En la medida que vas educando tu propio narrador de cuentos, con enfoque y perseverancia, manteniendo tu atención sólo en aquello que deseas, el carácter se convierte en uno de tus más grandes atributos.

4. **Decretos.** Nuestras palabras tienen poder y nosotros nos convertimos en aquello que hablamos; las palabras son la semilla que enviamos al campo de todas las posibilidades, a ese lugar donde todo es posible. Los límites no existen y el fruto que recibimos es exactamente igual al enunciado a través de nuestro verbo. Nuestras palabras forjarán nuestra realidad de mundo; al seleccionar las palabras que emanan de nuestra boca estamos seleccionando nuestro futuro.

La Biblia dice: "En el principio era el verbo y el verbo estaba en Dios, y el verbo era Dios. Él estaba en el principio en Dios. Por él fueron hechas todas las cosas; y sin él no se ha hecho cosa alguna de cuantas han sido creadas. En él estaba la vida, y la vida era la Luz de los hombres". Muchas veces nos enseñaron a hacer higiene bucal y pocas, a hacer higiene verbal. No nos damos cuenta que sea en broma o en serio, cuando decimos algo, tarde o temprano esas palabras se hacen realidad.

Decretar es expresar en voz alta aquello que deseas como si ya lo hubieses conseguido, haciéndolo en primera persona, tiempo verbal presente y en forma afirmativa.

Algunos ejemplos son:

Yo soy _____ _____«el mejor, el propietario, el feliz, o lo que quieras lograr» de _____.

Yo soy el mejor vendedor de _____ _____ «nombre de la empresa o producto».

Yo soy una persona esbelta, sana y feliz.

Yo estoy en conexión con la riqueza del universo. El dinero fluye para mí, legal, abundante, constante y fácilmente.

Cada día y en todos los sentidos estoy mejor, mejor y mejor.

Yo disfruto plenamente mi relación de pareja y guío a mis hijos para que cumplan la misión para la cual han sido creados.

Yo manifiesto, constantemente, el propósito de mi vida, desde la luz de mi corazón.

Dios está conmigo ahora y me guía.

Yo soy un exitoso profesional, graduado de _____ en la Universidad _____.

Yo disfruto quince días de vacaciones, en _____, junto con _____, viajando en primera clase y llegando a hoteles cinco estrellas.

Estos son algunos de los modelos que puedes seguir para crear tus propios decretos. Recuerda que la creatividad es infinita, y puedes crear cualidades internas: humildad, perseverancia, constancia, responsabilidad, paciencia, honestidad, y condiciones externas: resultado laboral, la consecución de un objetivo o la adquisición de una propiedad.

Repite estos decretos en voz alta, mil veces diarias, al levantarte, en la ducha, al manejar, antes de dormir, en todo momento. Mientras más seguido decretes tus mil frases, mejor. Carga tu mente con ese decreto hasta que lo puedas repetir de manera automática, como dices tu nombre. Hazlo durante cuarenta días, no necesitas creer, sólo hazlo y verás cómo la magia del mundo se manifiesta en tus días y lo que hoy te parece imposible mañana será posible. ¡Hazlo! En algunos experimentos se ha logrado establecer que los decretos se materializan más rápidamente si los repites en las horas de sueño.

– ¿Las horas de sueño?

– Sí; supongamos que tú acostumbras dormir de 11 de la noche a 6 de la mañana; esas serían tus horas de sueño, es decir, tu horario de sueño. Es efectivo si decretas, de 11 a 12 de la noche o de 5 a 6 de la mañana, al estar semi dormido, te encuentras en un nivel o frecuencia cerebral conocida con el nombre de frecuencia alfa y en este nivel te conectas con tu esfera subliminal. En ese estado somnoliento tus creaciones se van más rápidamente a la mente inconsciente y esto hace que tus sueños se materialicen más rápido. No necesitas sentir o analizar lo que estás decretando, sólo repítelo, te impresionarás cómo esta información se filtrará a esa parte de tu mente que nunca duerme y que disfruta haciendo milagros en tu vida. Tu mente tiene varias esferas y en cada una de ellas grabas experiencias diferentes.

– ¿Cuáles son esas esferas?

– Son siete: preconsciente, subconsciente, consciente, consciente continuo, supra consciente, subliminal y registro akáshico. En el subconsciente y subliminal está toda la información que te hace reaccionar involuntariamente, es decir, de maneras que tú mismo no comprendes; allí quedan guardados todos los mensajes publicitarios, y logran gran impacto cuando involucran los cinco sentidos y se emiten repetidas veces; éste es el mecanismo de creación y presentación, los publicistas saben que mientras más, mejor. Por eso, si uno no es consciente de esto reacciona automáticamente luego de mucho escuchar las sugerencias de consumir un refresco, un alimento o comprar determinado producto. En este curso estás aprendiendo a programarte conscientemente en ese nivel para que nadie externamente te manipule. Tú mismo seguirás tus propias órdenes.

– ¿Los decretos se hacen en voz alta o pensándolos?

– En voz alta, porque mentalmente no captas en palabras sino en imágenes; la forma de crear a través de imágenes ya te la enseñé.

– ¿Debo concentrarme en lo que estoy diciendo?

– No necesariamente. Basta con repetirlas el número de veces indicado, y durante los días señalados, puedes estar seguro que lo decretado se hará realidad.

– ¿Por qué cuarenta días y mil veces?

– Más adelante llegará la oportunidad de explicarte el porqué. Por lo pronto, te aseguro que de esa manera funciona; sólo hazlo para que puedas confirmarlo tú también. Los números tienen un sentido, por alguna razón Jesús el Cristo ayunó cuarenta días y cuarenta noches, y Dios condujo a Moisés y su pueblo por el desierto durante cuarenta años. Sólo para complacer tu intelecto, te adelanto que el cuarenta y el mil son números que cierran ciclos, que completan las creaciones y por ende las puedes dar por finalizadas. Te reitero, mínimo mil veces, jamás menos de mil; después durante el día puedes repetir tu decreto muchas veces; mientras más, mejor. Por otro lado, si te quedas dormido repitiéndolo eso hará que se grabe en lo más profundo de tu inconsciente, logrando materializar tu deseo más rápidamente. Los cuarenta días seguidos son sólo cuarenta, ni un día más ni uno menos. Otra manera poderosa es mirándote al espejo; mirando solo tus ojos di la afirmación mil veces seguidas sin parar, quizá esta sea la forma más poderosa de decretar. Cuando finalices ese ciclo inicia otro con un nuevo decreto, sobre otro aspecto diferente.

Tú, como identidad completa, eres un ser espiritual con experiencias materiales. A la parte que te da energía para vivir, trabajar, disfrutar algunos le llaman el ser básico y ese ser básico se debe cuidar como a un niño y hacer tratos con él; por ejemplo, hoy todo el día trabajaré y en la noche descansaré o iré al cine o a disfrutar de una buena fiesta o cena. El ser básico recibirá con gran agrado cualquier premio que alegre ese día y te dará la energía que necesites en cada momento, jamás te prometas algo que no te vayas a cumplir, porque de lo contrario ese ser básico también va a sabotear tus planes invitándote a aplazar las cosas para después, o te sentirás sin energía. Cuando te comprometas a algo contigo mismo, cúmplelo o mejor no te comprometas.

Cuando das gracias a Dios, es el ser espiritual manifestándose en ti; cuando analizas algo, es el ser mental el que se manifiesta; y la parte tuya que gusta de la comodidad, de divertirse, es el ser básico. También puedes verte siendo un ser con tres facetas, un niño, un adulto y un padre; al niño le encanta divertirse, al adulto, la responsabilidad y al padre, guiar, mandar, juzgar. Lo importante es que cada quien asuma su papel en el momento oportuno.

El ser básico te apoya o te sabotea, depende de si siente que se le está tomado en cuenta o no, por ejemplo: si empiezas una cuaresma de decretos y te prometes que al finalizarla te vas a premiar con algo que te entusiasme, tu ser básico, que se enfocará en el premio, aportará la energía necesaria para que finalices tu tarea y así poder disfrutar del premio. Si no te prometes un premio, el ser básico no se sentirá tomado en cuenta, por ende no se estimulará, y el autosaboteo impedirá que finalices con éxito tus metas.

Toda persona de éxito que reconoce este proceso sabe

dos cosas antes de iniciar algún proyecto y para poder culminar su meta con éxito, se plantea un premio suficientemente estimulante que le aporte la energía que requiere hasta finalizar su meta. Tan pronto una persona se fija una meta, surge un obstáculo directamente proporcional a dicha meta. Quien sabe esto no se deja atrapar por las apariencias creando duda y escepticismo; por el contrario, se dispone a conquistar su meta, reconociendo que en esa conquista lo más importante no es lo externo sino la conquista de sí mismo.

Después de un ciclo de decretos, cuando finalices los cuarenta días, es importante un descanso antes de empezar un nuevo ciclo, puedes parar, una semana. Al iniciar un nuevo ciclo, decreta uno de los siete aspectos nombrados; no repitas el mismo decreto, lo que creaste se materializará en el momento oportuno y en el lugar adecuado. Si se estaba decretando prosperidad, siguen con la salud, por ejemplo.

Un día podrás tener la certeza de Jesús el Cristo y no necesitarás mil, ni cuarenta, para crear algo, tal vez con decirlo una sola vez se hará realidad. Por ahora vive el proceso de quien está despertando y se da cuenta que no es víctima de las circunstancias, sino el creador de su destino y en este estado debes tomar acción. Sólo el conocimiento que se aplica persiste en el espíritu, por favor, no me creas, sólo HAZLO.

Otro estilo de decreto muy potente es el que involucra diferentes aspectos de tu vida, que te hagan merecedor de ese resultado. Por ejemplo, supongamos que quieres convertirte en el gerente de la compañía que trabajas, éstas serían afirmaciones potentes:

Yo soy el gerente de _____.

Yo pienso como piensan los gerentes de las compañías exitosas.

Yo vivo como viven los gerentes de las compañías exitosas.

Yo hablo como hablan los gerentes de las compañías exitosas.

Yo miro como miran los gerentes de las compañías exitosas.

Yo me visto como visten los gerentes de las compañías exitosas.

Yo me alimento como se alimentan los gerentes de las compañías exitosas.

Yo actuó como actúan los gerentes de las compañías exitosas.

Yo escucho como escuchan los gerentes de las compañías exitosas.

Yo me siento como se sienten los gerentes de las compañías exitosas.

Podrías seguir agregando más y más cualidades que te permitan creer que tus deseos son realidad. Ahora imaginemos que quieres ser millonario; los decretos serían:

Yo soy millonario.

Yo actúo como millonario.

Yo camino como millonario.

Yo siento como millonario.

Yo hablo como millonario.

Yo miro como miran los millonarios.

Yo me alimento como se alimentan los millonarios.

Yo me visto como se visten los millonarios.

Yo me relaciono con la gente que se relaciona con los millonarios.

Yo pienso como millonario.
Yo vivo como millonario.

Estos decretos los repites una y otra vez durante el día, y cuando puedas, repítelos frente a un espejo.

5. **El poder de los mantras.** Un mantra es un sonido que al repetirse continuamente genera una frecuencia vibratoria que te hace atractivo o receptivo a su significado. Por ejemplo, tu nombre es un mantra. Los mantras, a diferencia de los decretos, se pueden repetir en voz alta o mentalmente, siendo mucho más poderosos cuando se repiten mentalmente. Algunas personas han llamado al hecho de repetir estos mantras mentalmente y en estado de relajación ejercicios espirituales, son conscientes que al repetirlos crean una frecuencia sagrada que los acerca más a lo Divino.

En Oriente, los grandes maestros iluminados acostumbran a darles a sus discípulos uno o varios mantras para crear una conexión espiritual entre sus discípulos, ellos y Dios. En algunas ceremonias religiosas todos cantan un mantra en voz alta, con el fin de crear una energía grupal alineada con el espíritu. En otros casos, el maestro utiliza varios mantras que va dando a su discípulo uno a uno, siendo el siguiente más potente que el anterior, y son entregados a criterio del maestro, cuando siente que el discípulo está preparado. Con esto busca que el discípulo esté cada vez más consciente del alma, en comunión con Dios y enfocado en lo Divino.

Tú puedes crear tus mantras, convirtiéndote a la vez en tu propio maestro y discípulo. Algunos te conectan con el espíritu, otros con lo mental o lo material. Por ejemplo, si deseas atraer riqueza a tu vida, repite mentalmente y en forma de arrullo el mayor número de veces la palabra RIQUEZA; es efectivo repetir tu mantra al dormirte y al despertarte. Puedes utilizar mantras con la palabra: amor, salud, felicidad u otra cualidad que desees materializar en tu vida.

La palabra OM es un mantra que te alinea con el espíritu y te une a los poderes de Dios; al español traduce YO SOY; por esta razón, lo que decretes seguido a la expresión YO SOY se materializará más rápido en tu vida.

6. **Afirmaciones**. Las afirmaciones son grabaciones que hacemos en nuestra memoria celular, haciéndonos atractivos a lo que allí grabemos. La mayoría de las personas no consiguen lo que quieren porque no se sienten merecedoras de obtenerlo. A través de las afirmaciones mejoran su autoimagen, autoestima y merecimiento, para atraer constantemente a sus vidas aquello que desean. La forma de hacerlo es sencilla:

Divide verticalmente una hoja de papel en dos partes, la primera columna debe ocupar el 70% del ancho de la hoja y la segunda, el 30% restante; crea una frase con aquello que deseas programar en tus células, por ejemplo:

- Yo soy feliz.
- Yo merezco ser feliz.
- Yo me amo y me acepto tal como soy.
- Yo soy el creador de mis resultados.
- Yo soy una persona sana y esbelta.
- Yo merezco vivir en la riqueza.
- Yo ganó más de lo que necesito.
- Yo soy libre.
- Yo soy próspero.
- Yo perdono a _____,
  por _____.
- Yo me perdono por _____.
- Yo siento la presencia de Dios ahora mismo.
- Yo soy un excelente aprendiz.
- Yo soy un extraordinario discípulo.

- Yo soy honesto.
- Yo soy humilde.
- Yo soy capaz.
- Yo atraigo a personas que me aceptan y aman tal como soy.

Estos ejemplos de afirmaciones. Debes crearlas en primera persona, afirmativo y presente; deben contener el menor número de palabras.

Una vez que has escogido una afirmación para realizar este ejercicio, en la parte correspondiente al 70% de la hoja la escribes respirando profundamente y sintiendo cada palabra, y en el otro 30% escribes el sentimiento o el pensamiento que surja como reacción inmediata. Esta afirmación la escribes setenta veces con su respectiva reacción. Finalizado este proceso de escritura consciente, en otra hoja transformas cada una de las reacciones del 30% de la hoja en una frase creativa que refleje lo opuesto –si lo escrito es negativo–. Cuando termines el ejercicio quema las hojas, para que lo allí escrito sea transmutado hacia la luz. Este ejercicio lo realizas con la misma afirmación durante siete días seguidos. Aquí te daré un ejemplo:

1. Yo soy feliz...	pero tengo deudas
2. Yo soy feliz...	nadie me quiere
3. Yo soy feliz...	y la gente lo capta
4. Yo soy feliz...	pero me siento feo
5. Yo soy feliz...	etcétera

Después de escribir setenta veces tu afirmación, procedes a cambiar las respuestas del 30% de la página:

1. El universo me provee con más de lo que necesito
2. Todas las personas que conozco me aman y me aceptan tal como soy
3. «En esta línea no colocas nada, porque la reacción fue afirmativa»
4. Soy un ser bello, único y especial.

Terminado este ciclo de siete días, puedes empezar con una nueva afirmación que desees programar en tus células.

– ¿Qué es un ciclo?

– Es un proceso energético que consta de tres partes: inicias algo, lo desarrollas y lo finalizas. Es iniciar y finalizar, es completar una tarea hasta su fin. Escribir la afirmación setenta veces durante siete días es un ciclo. Y antes que preguntes, te cuento que el 70 y el 7 también son números sagrados; recuerda al Cristo invitándonos a perdonar setenta veces siete.

Otros tipos de afirmaciones se realizan a través de la auto hipnosis. Cada vez que involucras tus cinco sentidos para dar o recibir una información, estás hipnotizando o siendo hipnotizado. Imaginariamente toma un limón verde, mira bien su color, apriétalo duro, huélelo, golpéalo contra tu otra mano y escucha el ruido que hace, con un cuchillo imaginario pártelo en dos, mira sus semillas y observa cómo se escurre el jugo que contiene; todo en tu imaginación. Si tenías los ojos cerrados, ábrelos; si hiciste lo que te dije, deben suceder dos cosas: tus manos deben olerte a limón y tu boca debe haber segregado más saliva de lo natural y podrás ver que el limón no existe, es sólo parte de tu imaginación. Esta es una forma común de hipnosis. Los genios de la publicidad utilizan mucho la hipnosis para hacerte creer que necesitas algún producto o servicio. Si eres observador, te darás cuenta que buscan involucrar al máximo tus cinco sentidos.

– Y ¿cómo se aplica esto en la creación de afirmaciones potentes?

– Veamos. Ponte de pie frente a un espejo y mírate directamente a la cara, estarás involucrando el sentido de la vista; respira profundamente antes de hacer tu afirmación, estás utilizando el sentido del olfato; repite tu afirmación en voz alta, sentido del oído; ubica tus manos tocando alguna parte de tu cuerpo para generar un ancla, uniendo las manos o poniéndolas en el corazón, la frente o la parte del cuerpo que elijas, estás activando el sentido del tacto; siente tu saliva y si es necesario toma algún líquido, sentido del gusto. Así estarás programándote a través de la autohipnosis, cambiando tu memoria celular.

En cuanto a las afirmaciones a través de la auto hipnosis no te preocupes del número de veces que las realices, sólo recuerda que mientras más, mejor.

– ¿Cuál de todas las técnicas es más poderosa?

– Es una justa pregunta y la respuesta es: la que mejor te funcione. Siempre recuerda que mientras más, mejor. Cada vez estarás más consciente de saber cuánto es suficiente para ti, de acuerdo con los resultados.

7. El poder de la conexión con lo Divino. Esta tal vez sea la forma más potente de atraer en perfección a tu vida lo que tanto deseas. Sentirte conectado con la fuente es sentirte vivo, en propósito y con energía, mientras más conexión experimentas, menos límites tendrás, aprenderás a confiar más, observarás y diferenciarás entre dos tipos de eventos que pueden suceder en tu vida: eventos centrípetos o acontecimientos y personas que llegan a ti sin que tú los busques; y eventos centrífugos, situaciones y personas que tú sales a buscar.

Cuando estás conectado con la fuente, lo que te sucede tiene un sentido para el plan Divino. Los acontecimientos y personas que llegan a tu vida son la forma que utiliza Dios para responder a tus oraciones, se le conoce como eventos centrípetos. Es bueno despertar para comprender que nada es por casualidad, sino por causalidad. Las personas que viven dormidas no saben que en cada evento que llega a sus vidas están las respuestas a sus peticiones, por eso ponen más empeño en salir a buscar; ignoran que mientras más conexión se tenga, más efectivo se es trabajando desde adentro. Es cuestión de atraer y dejar que llegue la respuesta.

Puedes lograr tu conexión con lo Divino a través de estas cuatro formas: oración, meditación, ejercicios espirituales y contemplación; expliquemos cada uno de ellos.

ORACIÓN

Orar es hablarle a Dios. Es, desde tu sentimiento y en tus palabras, tener una comunicación de corazón a corazón con el Altísimo. La mejor forma de orar es agradecer por lo que se nos ha dado, y si eres una persona de fe, necesitas aprender a agradecer por aquello que aún no has recibido; una adecuada oración incluiría: "Gracias, Señor, por lo que me has dado, y por lo que no me has dado, gracia, Señor".

Cuando respiras estás conectando, la pregunta es ¿con qué? Con la luz o con la sombra, con los límites o lo ilimitado, cada respiración te programa. Es bueno comprender los tipos de programas que estés generando en ti; vive inhalando buenas noticias, con constantes respiraciones profundas, para que cada día goce de más felicidad en tu vida. También te conviene hacer de Dios tu socio, y vivir encendiendo la luz a cada instante. Ese es el mandato para nuestro primer día en la creación, al sabernos co-creadores con Dios, separamos constantemente la luz de las tinieblas y eso te ayuda a evitar muchos problemas, vas ligero de equipaje disfrutando del trasegar de tus días.

La oración científica siempre funciona y con ella obtendrás respuesta a tus peticiones; se divide en tres partes: la primera es agradecer; las personas reconocidas como espirituales dedican el mayor tiempo posible a esta etapa; algunas personas se quejan que sus oraciones no son escuchadas, no se percatan que pasan muy rápidamente por la fase de agradecer. La segunda es invocar la voluntad Divina; es manifestar que por encima de tus anhelos, aceptas la voluntad de Dios; y declarar que todos tus deseos sean para el bien mayor y los más altos fines, de acuerdo con tu plan divino, cualquier sueño o deseo que tengas que esté subordinado a la voluntad de quien todo lo puede y sabe, de Dios. La tercera es el pedido, siendo lo menos importante, porque Dios sabe exactamente lo que necesitas, es a lo que la mayoría de la gente le dedica más tiempo.

Cuando le hablas a Dios en oración, así no hayas recibido lo que tu corazón anhela, dentro de ti surge una plenitud, aceptación y entusiasmo difíciles de describir. Que tu vida sea una constante oración, una ovación de agradecimiento y una férrea decisión de poner todos tus pensamientos, palabras y obras en las manos de Dios. Recuerda: ora y labora.

Meditación

La meditación consiste en escuchar a Dios, y existen muchos tipos de meditación: meditación en la luz, en el agua, en el fuego, en el aire, en la naturaleza, en el sonido, meditación creativa, mantra yoga meditación y meditación trascendental son algunos. Lo importante no es la forma, sino el resultado; por lo tanto, debes confirmar que el estilo de meditación que sigues te ayuda a cumplir el propósito de escuchar a Dios y por ende descubrir el propósito de tu corazón y manifestarlo para su gloria.

Independientemente del estilo de meditación que escojas, recuerda muy bien el concepto del diezmo; dedica el diez por ciento de tu tiempo diariamente a estar en contacto con el Creador y hazlo de la forma que desees, con la práctica descubrirás que ésta es la clave de la felicidad y plenitud humana. Si no tienes el suficiente tiempo para estar en comunicación con Dios y dejar todo en sus manos, seguramente lo tendrás para vivir lleno de problemas y no sabrás cuál es la mejor manera de solucionarlos.

– ¡Dos horas y cuarenta minutos meditando es mucho tiempo! ¿A qué horas hago el resto?

– No sólo meditando, puedes dedicar este tiempo para

orar, meditar, hacer ejercicios espirituales y contemplación, además puedes distribuir ese tiempo durante el día. Analiza a las personas más felices que conozcas y encontrarás una tendencia en todas: dedican a Dios gran parte de su tiempo.

Ejercicios espirituales

De los ejercicios espirituales ya te hablé anteriormente. Consiste en crear movimientos hacia Dios, caminar conscientemente de regreso al alma, se logra repitiendo un mantra dado por un maestro de Luz, al momento de la iniciación. Y esta iniciación es un ritual creado para hacer especial la entrega de ese mantra. Se repite luego de invocar la luz, generalmente se prende una vela, para que el fuego transmute cualquier desequilibrio o energía negativa si se llega a liberar; se repite verbalmente si es un mantra colectivo y mentalmente si es uno personalizado.

Los mantras espirituales buscan llevar a quien los repite cada vez más cerca del alma, de regreso al lugar de dónde venimos, para alinear nuestro cuerpo y campos energéticos con la frecuencia más alta de luz que podamos sustentar, y así cumplir la voluntad de Dios en la Tierra.

Contemplación

La contemplación es utilizada por muchas Iglesias y consiste en ver a Dios a través de imágenes sagradas o en la perfección. Ahora quiero darte un nivel más elevado de la contemplación: ve a Dios en los ojos de cada persona que pase por tu camino, en cada mineral, vegetal o animal, ve a Dios a tu alrededor y más allá del concepto del bien y del mal, ve a Dios así lo que estés contemplando no te parezca correcto, ve a Dios en toda experiencia que vivas.

Contempla a Dios a cada instante; elévate, no te dejes atrapar por las ilusiones de la forma. Recuerda que es imposible separarnos de Dios, el todo al igual que cada una de sus partes está contenido en Él; ve más allá de la piel y conéctate con el corazón de las cosas, así te estarás conectando con Dios.

Otro estilo muy potente de disfrutar la contemplación es percibir el Cristo interno. Jesús el Cristo vino a enseñarnos a encontrar esa energía que nos conecta con el espíritu a través de nuestros corazones. Para contemplar el Cristo interno, visualiza un sol en tu corazón, siéntelo moverse en el sentido de las manecillas del reloj; esa es la energía crística que está en todos los seres humanos. Muchos mueren sin saber que existe y, lo peor, sin comprender que esta energía crística nos conecta con el Creador y todo su poder. Practica este ejercicio tan elemental y te asombrarás de lo poderoso que es. Cuando visualices tu Cristo interno, preséntale el problema que tienes y tu posible solución, dale las gracias por hacerse cargo de todas tus creaciones para que se materialicen en perfección y luego espera con la suficiente paciencia y verás efectos extraordinarios.

Cuando aprendas a conectarte con la energía crística, seguramente aprenderás a hacer milagros; recuerda lo que dijo Jesús el Cristo: "Yo soy el camino, la verdad y la vida, nadie llega al Padre sino por el Hijo". El Padre es Dios y el Hijo es el Cristo interno que cada uno de nosotros lleva, con el que necesitamos crear una estrecha relación para poder llegar al Padre.

— ¿Existe algún prerrequisito para hacer más efectiva esta comunicación?

— Sí; para activar plenamente tu energía crística, primero perdónate y acéptate incondicionalmente, en otras palabras, simplemente ámate. Invoca el perdón de todas aquellas personas a las que hiciste daño, en pensamiento, palabra, obra u omisión, lo recuerdes o no; y envía el perdón a todas aquellas personas que te hayan hecho daño, en pensamiento, palabra, obra u omisión, lo recuerdes o no. Invoca la memoria de los días y libérate.

– ¿Cómo se hace esa invocación?

– Sólo manifiesta claramente que te amas y te perdonas por cualquier juicio que tengas sobre ti o que hayas hecho. Dile a Dios que solicitas el perdón de todos aquellos que hayas dañado, en pensamiento, palabra, obra u omisión, te acuerdes o no, y que envías tu perdón a todo aquel que te hizo daño en pensamiento, palabra, obra u omisión, también te acuerdes o no. Visualiza el sol en tu corazón, que es la misma energía crística, envía tu perdón e invoca el perdón; luego visualiza la llama de una vela en el centro del sol y pídele lo que quieras, porque lo creas o no, en ese momento estás hablándole a Dios.

Hazlo y me cuentas qué sucede; esta fórmula es infalible, sólo que pocos la utilizan. Necesitas vivir en Cristo, ser tú mismo un Cristo viviente y un día podrás manifestar la gloria de Aquel que vino antes que tú. Recuerda que Él dijo que si creyéramos podríamos hacer cosas más grandes que las que Él hizo. La gente está esperando la segunda llegada de Cristo, y ésta sucederá para quien aprenda a conectarse con Él en su corazón.

Muchos hemos escuchado la frase "Busca a Cristo en tu corazón", y pocos han logrado establecer su verdadero significado. Ahora bien, el anticristo es todo aquel que niega al Cristo en su corazón y al Cristo viviente en las otras personas.

Cuando el nivel de conciencia te lo permita y a través de la contemplación activa tu energía crística de tal modo que seas un Cristo viviente, perfectamente podrían llamarte por tu nombre y acompañarlo de la palabra Cristo. Podrían decir: Juan el Cristo, Pedro el Cristo, María el Cristo, o el nombre de aquel que logre este nivel de conciencia. En ese momento el templo será tu cuerpo y no necesitarás ir a ningún lado para conectarte con lo Divino, tu conexión con Dios será 24 horas al día y aprenderás a vivir en su luz y tomar decisiones de su mano; los intermediarios entre tú y Él perderán vigencia, vivirás una espiritualidad práctica.

Conviértete en un guerrero de la Luz.

– ¿Cómo puedo hacerlo?

– En el Génesis, la Biblia establece que el primer día de la creación Dios separó la luz de las tinieblas. Te conviertes en un guerrero de la Luz cuando continuamente vives separando la luz de tus propias tinieblas; es sencillo de lograr: invoca la luz al levantarte para que Dios te ilumine durante el día, haz lo mismo al tomar algún alimento y verás que tu cuerpo empieza a producir atracción sólo por alimentos que te nutren y convienen. Invoca la luz antes de iniciar tus labores diarias, antes de tomar una nueva decisión, antes de relacionarte con alguna persona, antes de iniciar una nueva tarea, al acostarte, en cada nuevo instante de tu día invoca la luz. Eso es ser un guerrero de la Luz.

Al comienzo eres como una cerilla de un fósforo, cuya luz se enciende y se extingue fácilmente, poco a poco se va incrementando la luz en tu vida hasta convertirte en una gran antorcha, iluminando a todos los seres con los que te encuentras o los lugares por donde pases. Imagina que una luz blanca viene de lo más alto que puedas imaginar, más allá del sol y las estrellas y di: "Invoco la luz de Dios para el bien mayor y los más altos fines", y ya estás en la luz.

Disciplina y discernimiento

Para ser un discípulo de la Luz, debes tener las dos características más importantes de todo discípulo: disciplina y discernimiento. La disciplina se consigue a través de educarte en el cumplimiento de las pequeñas promesas que te haces a ti mismo y a los demás.

Disciplina externa

En el proceso de formación del carácter necesitas disciplina externa; que te es impuesta para apoyar tu formación. Al comienzo tus padres te imponen los límites y las responsabilidades; después, en el colegio te determinan horarios de clase, tareas a realizar, evaluaciones y demás; luego, en el trabajo un jefe o empleador te dice a qué hora debes iniciar labores, cuándo descansar, cuánto mereces ganar, qué debes hacer. En otras palabras, estás condicionado por las órdenes, decisiones y parámetros externos, no tienes control de tu vida y te mueves al vaivén de quien te está disciplinando.

La disciplina externa te ayuda a vivir de acuerdo con unas normas preestablecidas y es el paso anterior para lograr la disciplina interna. La disciplina te hace libre, y eres esclavo en aquellas áreas en las que no tienes disciplina.

Disciplina interna

A medida que vas formando tu carácter, dejas de necesitar que alguien te diga qué hacer, cómo hacerlo y cuándo hacerlo, y empiezas a hacer lo necesario, por tu propia voluntad. Esta disciplina crea empresarios, líderes, personas que otra gente quiere seguir; estos individuos se distinguen porque valoran sus palabras y sólo se comprometen en lo que saben que van a cumplir; esto contribuye a que se ganen fácilmente el respeto de los demás.

Este tipo de disciplina la logras con la conquista de ti mismo, determinando en qué punto de tu vida te encuentras en las siete áreas (punto A) y a dónde quieres llegar (punto B), verificando que cada paso dado te conduce al lugar preestablecido por ti mismo, al lugar adonde deseas llegar. Esta disciplina te hace más competente y efectivo en el logro de los resultados externos.

Aspectos de transformación a través de la aceptación y la disciplina

Niveles	Cómo me encuentro hoy	Cómo deseo estar y en qué fecha
Espiritual		
Físico		
Relaciones		
Educativo		
Laboral		
Económico		
Recreación		

Haz un cuadro donde escribas en detalle cómo te encuentras hoy en cada uno de estos siete niveles y cómo te gustaría estar en un año. No te preocupes cómo lograrlo, más adelante lo aprenderás; ahora lo más importante es establecer ese paralelo entre dónde estás y a donde deseas llegar.

El hábito de saber dónde te encuentras y a dónde deseas llegar es el primer paso para empezar a aplicar principios de éxito en tu vida. En el aspecto físico, por ejemplo, carente totalmente de juicios podrías establecer cómo te encuentras hoy, sólo describir la realidad presente de tu cuerpo: estás sano o enfermo, tus músculos están rígidos o flácidos; actúas con lentitud o normal, tienes exceso de kilos o el peso adecuado. Y lo que deseas ser en el futuro, para una fecha exacta: una persona esbelta, ágil, flexible, saludable, pesar determinados kilos.

Establece tus metas más allá de los límites existentes, sabiendo que cualquier cosa es posible. A mayor exactitud al determinar el resultado exitoso, más fácil será lograrlo. Realiza el mismo procedimiento en cada uno de los siete niveles. El carácter se forma eligiendo más allá de los deseos y de las distracciones momentáneas, para que cada paso te lleve del estado actual al estado deseado. La coherencia no es ese estado en el cual piensas, hablas y actúas en la misma dirección, si eso fuera cierto, todos seríamos incoherentes la mayor parte del tiempo. Por eso, te invito a pensar que coherencia es lograr que cada paso dado te lleve del lugar donde te encuentras al que deseas llegar.

Disciplina espiritual

El nivel más elevado del carácter es cuando te has disciplinado para hacer en este planeta la voluntad de Dios y seguir sus designios más allá que te guste o no. Es el tipo de disciplina que lleva a un Jesús el Cristo a estar dispuesto a morir crucificado por amor a la humanidad; a una Teresa de Calcuta a dedicarse enteramente a ayudar a enfermos terminales en su proceso de ir de este planeta de regreso al Padre; al santo Job a tener la paciencia necesaria para pasar cualquier dificultad o prueba, sabiendo que es la voluntad Divina; a Moisés a conducir durante cuarenta años al pueblo de Israel por el desierto, pasando por dificultades; a Gandhi, a través de la oración y el ayuno, a ganar la independencia de la India.

En la cotidianidad, es el tipo de disciplina que te impulsa a cumplir el propósito con el cual fuiste creado, dando gracias por todo acontecimiento, dejando todo en las manos de Dios y estando dispuesto a hacer su voluntad, viendo en cada problema una oportunidad de crecer, ser, aprendiendo a confiar en lo eterno. Quizá lo más importante en esta vida sea lograr la disciplina espiritual.

La disciplina te ayuda a elegir continuamente con responsabilidad en cada aspecto de tu vida. La responsabilidad te revela que estás dónde estás por lo que has hecho o dejado de hacer; te evita perder tiempo si intentas aprender de alguien que te enseña sólo con palabras; te muestra que muchas personas quieren enrolarte, obligarte a que les sigas, sólo porque creen tener la razón o la fórmula perfecta. Cuando eres un verdadero discípulo sólo aprendes de quien tiene el resultado que tú deseas lograr y de él, la estrategia que le llevó a ese resultado. Es muy común ver personas que siguen a otras que están perdidas; la fórmula para no caer en ese error es aprender de quien ha logrado el resultado exitoso, sin olvidar que quien logró un resultado no le hace perfecto; por lo tanto se debe determinar la estrategia exacta de cómo lo consiguió.

Discernimiento

El discernimiento es la capacidad de elegir conscientemente el camino correcto que te llevará de donde estás hacia donde quieres llegar y la disciplina es la primera característica de un guerrero de la luz, el discernimiento es la segunda gran cualidad necesaria para no perderse en el camino de la espiritualidad.

Jamás se debe renunciar a la capacidad de discernir, so pena de perdernos en el camino y terminar siendo seguidores o serviles de falsos líderes; un verdadero líder se enfoca en hacer de su discípulo un nuevo líder. El discernimiento no se aplica al bien y el mal, es un engaño del juez interno que todos llevamos dentro que sólo sirve para hacernos sentir poseedores de la verdad, sino a aquello que para ti es correcto, es decir, lo que te acerca o te aleja de lo que deseas.

– Esta puede ser una conclusión un poco grosera, pero... es lo que estoy entendiendo: ¿Puedo hacer lo que quiera, lo que me dé la gana para lograr mis deseos y esto es correcto?

– Sí, siempre y cuando estés viviendo en la luz o la gracia y no en la ley.

– ¿Cuál es la diferencia?

– Vives en la luz o en la gracia cuando tanto tus deseos como tus acciones están subordinados al bien mayor y los más altos fines, es decir, cuando todos los involucrados ganan. Cuando has creado la ecología correcta de tus sueños para que puedas crear sin entrar en el pensamiento suspicaz. Vives en la ley cuando alguien tiene que perder para que tú ganes. En cuyo caso te darás cuenta que también perdiste, porque al final sabrás que lo que haces bajo la ley se te devuelve. Es común ver personas pérdidas debido a que renunciaron a su capacidad de discernir; entregaron su poder a un seudo líder que por la potencia de sus palabras les generó total creencia; o se olvidaron de masticar el alimento mental que recibían y tragaron entera la información, que en algunos casos estaba llena de virus o falsas premisas. Visto desde la ruta del éxito, estas son situaciones que les alejan de lo deseado.

En el arte de discernir no necesitas entrar en polémicas, sólo debes elegir conscientemente entre la información que recibes y la que realmente te conviene. Recuerda que aunque las personas estén en lo correcto la mayor parte de su tiempo, en determinada circunstancia pueden estar equivocadas, o sin ninguna maldad darte información que te desvíe del lugar adonde, con anterioridad, tú has seleccionado llegar; pueden estar honestamente equivocadas y no darse cuenta. Cuanto más creas en una persona o más le respetes, tu discernimiento debe ser mayor, porque corres el peligro de tragar entero y terminar creyendo cosas falsas, simplemente porque alguien en quien tienes credibilidad te lo dijo o porque mucha gente cree lo mismo. ¿Crees que aquel líder espiritual que invitó a sus seguidores a suicidarse para salvarse lo hizo por maldad? Seguramente no; quizá él estaba honestamente equivocado y no se dio cuenta.

Aquí tienes otra tarea: invoca a tu Cristo interno cuando debas discernir para que te apoye en la selección correcta de la información, y pon en sus manos lo que estés deseando. Quiero que observes atentamente cómo te sientes y qué sucede a tu alrededor cuando eliges ser un guerrero de la Luz.

— Es bastante información la que he recibido hoy y

presiento que falta mucho por entender –dije en voz baja, meditando lo vivido en esa entrevista que no sé cuántas horas duró, sólo recuerdo que era bien entrada la noche. A su lado perdía la noción del tiempo, pasaba muy de prisa; más que estar cansado, me sentía excitado por tanta información, premiado por la vida. ¡Cuántas personas querrían tener esta vivencia! ¿Cuándo me había ganado este derecho, por qué para mí toda esta información? ¿Por qué mejor no hacer un curso y explicarla, o grabarla en un audio o renunciar a su decisión de vivir sin escribir sus experiencias en un libro? Muchos pensamientos rondaban mi mente y el narrador de cuentos me distrajo, hasta su voz me volvió al presente.

– Sí, mucha; mastícala bien, analízala, busca comprobarla, deja que tu discernimiento te acompañe, no me creas. Sólo si te es lógica, aplícala y comprueba que al aplicarla te conecta con lo que quieres, no te apures no hay a dónde llegar. La semana próxima continuaremos con la segunda parte de la ruta del éxito. Espero que medites lo aprendido hoy y cualquier duda o comentario lo analizaremos en la próxima cita. Piensa lo que sigue en importancia en esta ruta, si lo clarificas, eso hará una toma de conciencia importante para tu futuro. ¡Ah, es importante que sepas que en la conquista del resultado exitoso, si deseas materializar tus deseos más rápidamente, existen tres prácticas.

1. Enfoque: pon tu atención en lo que quieres, y lo que no deseas desaparecerá de tu vida, para donde miras es para dónde vas, enfócate en lo imposible y lo posible se hará realidad. A grandes problemas, pequeños sueños; a grandes sueños, pequeños problemas; a sueños imposibles, cero problemas. Todo lo que hoy es posible, en otra época se pensó que era imposible.

2. Agradecimiento: da gracias constantemente por todo lo que te pasa, las personas con las que te encuentras, cada uno de los acontecimientos de tu vida; los juzgues buenos o malos, lo que tienes y lo que no

tienes, lo que se te ha dado y lo que no se te ha dado. Y, lo más importante, agradece cada día por lo que deseas como si fuese una realidad.

4. Silencio: mantén en secreto tus sueños y metas para que se acumule dentro de ti la mayor cantidad de energía, que hará más rápida su consecución. Si comentas tus deseos a alguien, asegúrate de saber qué existe en su corazón y los pensamientos y sentimientos que alberga hacia ti, las palabras o energías negativas hacen más lenta y difícil la realización de tus sueños.

Después de estas palabras se levantó de su silla indicándome de manera sencilla y cortés, que nuestra reunión había finalizado.

—Hasta la próxima semana, hijo, y que Dios te bendiga.

— Hasta entonces y gracias por su tiempo —contesté—. Salí de allí y mi corazón estaba henchido de alegría, tenía tanta información que seguro necesitaría más que esta vida para ponerla en práctica, lo que más felicidad me producía era saber que habíamos acordado una cita para pronto. ¿Qué es una semana para la eternidad? —pensé.

TERCERA PARTE

"Somos seres ilimitados, limitados sólo por nuestra ignorancia; no existen personas incapaces, sino mal entrenadas".

Señor Deeb

MATERIA PRIMA DE NUESTRAS CREACIONES

La semana pasó rápidamente, sentí que el tiempo transcurría velozmente. Me dispuse a disfrutar el presente, recordé las lecciones aprendidas la semana anterior, y las empecé a poner en práctica.

Hice mi mapa del tesoro, disfruté mucho recortando y pegando en la cartelera las imágenes de todos mis sueños, me sentí muy orgulloso al terminarla. Mi felicidad era la de un niño, esa etapa en la que soñamos en grande y sin límite de tiempo y dinero. Qué lástima que esos sentimientos los castremos a medida que crecemos, limitamos nuestros sueños según nuestros ingresos y, lo que es peor; que estemos dispuestos a llamarle a ese estado tan deplorable "ser realistas", por ignorar que lo interesante de la vida es tener la capacidad de elevar nuestros ingresos al tamaño de nuestros sueños para hacerlos realidad.

Mi cartelera de metas la inicié con un ciclo de decretos. Me visualicé logrando esas metas, esmerado siempre en los detalles, como el artista esculpiendo su obra de arte, permanentemente invoqué la luz y un sentimiento de estar haciendo siempre lo correcto me invadió durante la semana. Con respecto al futuro, sentía más confianza que nunca, una seguridad brotaba del fondo de mi alma y recordaba las palabras de un escritor: El mundo es tuyo, pero tienes que ganártelo. Había nacido la certeza en mí que cualquier cosa era posible, mis límites internos habían empezado a derrumbarse. Sin duda comenzaba a percibir que estaba pasando de una ignorancia disfrazada de humildad a una soberbia que hacía desbordar mi ego; sin embargo, estaba dispuesto a no juzgarme, me dije que quizá este sería un proceso normal que se presenta en todo aquel que empieza a descubrir su poder.

Recordé una conferencia que alguna vez escuché sobre la falsa humildad, o el hecho de confundir humildad con pobreza o mediocridad. El conferencista nos dijo que la humildad era el paso después de la soberbia: lo que significa que siendo ignorantes de nuestro potencial manifestábamos una falsa humildad, fruto de una baja autoestima, cuando descubrimos nuestro poder ilimitado y que cualquier cosa que deseamos la podemos materializar, pero que muchas veces nos convertíamos en personas soberbias y podíamos incluso cometer el error de menospreciar a quien no tenía la misma información que nosotros. También nos confortó al decirnos que la vida misma a través de golpes o enseñanzas, causas o azares nos hacía trascender ese proceso de ignorancia; y que la gran iluminación llegaba cuando reconocíamos que absolutamente todos los seres somos iguales; cuando nace la verdadera humildad en el ser humano; este es un proceso en el individuo que está abandonando el estado de un ser-máquina o casi-animal y está despertando al nivel de recordar que fue creado a imagen y semejanza de Dios y que es co-creador con Él. Es mejor ser sabio, rico, sano, amado y disfrutar de muchas más bendiciones y a la vez ser humilde, que aspirar a la humildad fruto de nuestra precariedad. Nos decía también que sólo podría decir "que es mejor ser pobre que rico", alguien que teniendo prosperidad ha renunciado a ella conscientemente y no aquel que por ignorancia siempre vive en escasez y presume que esto es mejor que tener prosperidad.

Llegué treinta minutos antes a mi cita con el señor Deeb, quería continuar aprendiendo sobre la ruta del éxito. Llevaba puesto mi mejor traje, quería impresionarle y que viera que ya me estaba convirtiendo en una persona de éxito, quería su aprobación, que él se sintiera orgulloso de mí. Al ingresar, me impactó la sonrisa en su rostro y la luz que emanaba de él. Lo saludé un poco tímido, con gran respeto. Me invitó a sentarme.

– ¿Qué tal semana tuviste? –me preguntó.

– Excelente, señor Deeb.

– ¿Tienes alguna pregunta que quieras resolver?

– Sí, quiero saber si para tener éxito es necesario poner en práctica simultáneamente todas esas técnicas que me enseñó la semana pasada.

– No, utiliza la que prefieras y mézclalas entre sí; puedes decretar mientras visualizas.

– Me sentía un poco agotado de pensar que debía realizarlas todas paralelamente.

– Comprendo y creo que necesitarás mucho tiempo para poner en práctica lo que vayas aprendiendo. ¿Hiciste la tarea de vivir como guerrero espiritual, separar la luz de las tinieblas en tu vida y escuchar tu Cristo interno? Y ¿Analizaste qué sigue en importancia en la ruta del éxito?

Quedé estupefacto, demasiadas preguntas juntas; sin embargo, no dejé que se diera cuenta, aunque pensé que él todo lo intuía; intenté disimular mi confusión y procedí a contestar.

– Estuve pendiente de invocar la luz antes de iniciar algo y de pedir la asistencia de mi Cristo interno para discernir correctamente la información y mis acciones, debo confesar que muchas veces olvidé hacerlo, hice cosas sin pedir la luz o invocar mi Cristo interno y luego me daba cuenta de ello. Sin embargo, nunca había sentido tanta unión con Dios, me sentía poderoso, lleno de energía y recordaba esas palabras bíblicas: "Todo lo puedo en Cristo que me fortalece" y me presumía a mí mismo de estar haciendo lo correcto, sentía tristeza de pensar que tanta gente se encontrará perdida y desconectada de lo espiritual.

– Debes tener cuidado con el orgullo o la soberbia espiritual, que es pensar que estás en lo correcto y los demás equivocados, o sentirte poseedor de la verdad. Reconoce simplemente que estás en una parte de tu camino y otros en otra parte de sus caminos, todos aprendiendo, creciendo y cambiando, con la única intención consciente o inconsciente de ir de regreso al Padre, al Creador y morar conscientemente en Él eternamente. No debes pensar que unas personas se van a salvar y otras están en lo incorrecto; la verdad, ni una sola alma se perderá, sólo que tenemos libre albedrío para determinar nuestro tiempo de retorno, y las experiencias que vamos a vivir antes de llegar. Que sea tu ejemplo y no tus palabras lo que inspire a la humanidad. Ahora coméntame cómo te fue con la ruta del éxito.

– Pensé: ¿Qué seguiría en la ruta del éxito? Le dedique bastante tiempo e invoque la luz, he trabajado con mi Cristo, y se me ocurre que el siguiente paso debe ser controlar o seleccionar conscientemente lo que entra a través de nuestros sentidos. –Hubo un largo silencio y pude sentirme confiado; sabía que mi respuesta era correcta, sin embargo espere a que él lo confirmara.

– Excelente; estás en la etapa del despertar, que consiste en caer en la cuenta; cada día observarás con agrado que se convierte en una experiencia automática vivir en la luz. Te llenará de confianza en el caminar de tu existencia comprender que es imposible separarte de Dios y que de su mano todo es posible. Lo primero que debe hacer una persona de éxito es establecer exactamente lo que quiere - quien no sabe para donde va, ya llegó- y luego hacerse responsable de lo que entre a través de sus cinco sentidos. Establecer exactamente lo que uno desea es el arte de pensar y crear nuestro futuro, controlar lo que entra a través de los cinco sentidos es el arte de elegir cómo sentirnos; es la materia prima con la que se crean nuestros sentimientos. Al seleccionar la información estás seleccionando tus sentimientos. Nuestros sentimientos son condicionados por experiencias o información anterior; mucha gente se olvida de vivir nuevos instantes y permanecen atrapados al pasado, lo cual es peligroso.

Un estadio más elevado de conciencia consiste en respirar profundamente en cada momento, lo que te ubicará instantáneamente en el presente, y cuando estás en el presente, tus sentimientos no surgen de tu memoria, sino que provienen de una comunicación directa con Dios. Al ponerte en actitud abierta y receptiva aquí y ahora, logras escuchar cómo tu cuerpo te señala lo que es para tu bien mayor; algunos llaman a esto presentimiento. Mucha gente confunde pensar con sentir, yo te invito a hacerles más caso a las señales que te da tu cuerpo, realmente provienen de un nivel supremo de sabiduría y jamás te miente. Tus sentimientos son sagrados, se expresan en un continuo presente, tu pensamiento generalmente está condicionado por tu pasado o la ansiedad del futuro.

Para comprender la importancia de seleccionar la información correcta, el resultado exitoso y los cinco sentidos, usemos la analogía de hacer una torta de chocolate y para hacerla usas los siguientes ingredientes: en un recipiente pones harina, mantequilla, papa, café, azúcar, uvas pasas, carne mechada, revuelves, luego colocas el recipiente en el horno a la temperatura correcta y le pides a Dios –porque eres una persona de fe- que te ayude a obtener una exquisita torta de chocolate ¿qué crees que obtendrás?

– Independiente de la fe que tenga, lo que saldrá es un revuelto que nadie se atreverá a probar. ¿Cómo puede salir una torta de chocolate si ni siquiera le pusimos chocolate?

– Así es, esto que parece tan ridículo es lo que la mayoría de la gente hace por ignorancia y, peor aún, luego quieren poner la responsabilidad de sus creaciones en las manos de Dios, para culparle por lo que van obteniendo en la vida. Lo mismo que si en un disco compacto grabas música tropical y al final quieres escuchar música clásica, por más oraciones que realices, lo que escucharás será música tropical.

– ¿Cómo aplico estas analogías en la ruta del éxito?

– Una vez que determines exactamente lo que quieres, debes llenar tus cinco sentidos con información que te ayude a conseguir tus sueños. Por ejemplo, si lo que deseas es prosperidad, sería absurdo ver o escuchar noticias donde hablen de pobreza, informarte de las empresas que fracasan, de los nuevos desempleados que existen, de las últimas quiebras, de la pobreza del mundo; esa sería materia prima equivocada, lo mismo que echarle café a la torta y esperar que sea de chocolate.

– Eso es como vivir en un mundo de fantasías y olvidarnos de la realidad que se vive cada día.

– Tú eliges tener la razón o los resultados, la gente de éxito se enfoca únicamente en los resultados. ¿Cuál es la diferencia entre la realidad y la ficción? La mayoría de las cosas que hoy son posibles, ayer fueron imposibles. Existen dos tipos de personas en el arte de la creación. Unas quieren perpetuar sus pertenencias o sus creencias; le buscan futuro a lo que hacen, más temprano que tarde se darán cuenta que tanto sus pertenencias como sus creencias se volvieron obsoletas; sin embargo hasta entonces y constantemente, quieren perpetuar el pasado. El segundo tipo de personas viaja con su pensamiento al futuro y no desea tener la razón, muy por el contrario están dispuestas a cambiar sus creencias para crear mejores y más fáciles maneras de obtener resultados, así que traen constantemente al presente sus creaciones del futuro.

Tú eliges si usas tu mente para recordar la historia hecha por otros o para crear una nueva historia, hecha por ti. Lo importante es aprender a diferenciar la creatividad de la ilusión, aunque parecen gemelas; los creativos ponen acción y los que crean ilusión, no. Ambas vienen del mundo de las probabilidades, con las mismas oportunidades de materializar sus ideas, sólo que la inacción convierte nuestros sueños en fantasías. Perpetuar el pasado en lugar de crear un nuevo futuro posible es una costumbre arraigada en los mediocres, aquellos que medio creen. Lo que captas a través de tus cinco sentidos se convierte en la materia prima con la que se crean tus pensamientos, y tus pensamientos crearán tu realidad de mundo.

— ¿Cómo haría si deseo ayudar a personas de bajos recursos, para no llenar mis cinco sentidos con materia prima de pobreza?

— Recuerda que se debe vivir en este mundo sin pertenecer a él, y que la mejor manera de ayudar a los pobres es no ser uno de ellos, porque el que nada tiene nada puede dar. Primero llenas tus arcas y luego las puedes dar en amor y abundancia para todos los demás. Los cinco sentidos graban de la siguiente manera: tu visión toma fotos constantemente de todo lo que ve, no selecciona nada; es una cámara automática que va grabando absolutamente todo. Si miras accidentes, enfermedad, problemas, tristeza, pobreza, soledad, eso grabarás; como también los opuestos, si ves prosperidad, salud, felicidad, amor, grabará prosperidad, salud, felicidad, amor. Algunos estudiosos de la mente humana han establecido que en promedio grabamos 60.000 pensamientos por día, más o menos uno por segundo; en cuanto a imágenes grabamos en promedio el triple, lo que quiere decir que la gran mayoría de ellas son inconscientes. Tu misión es enfocarte en ver más de aquello que quieres se manifieste en tu vida.

— Entonces, si veo a alguien que se accidenta o a un enfermo o a un pobre, ¿los ignoro y no les ayudo? —Aunque mi pregunta fue espontánea, sentía que no hacer una pausa antes de hablar reflejaba algo de agresividad.

— Si está en tus manos ayudar, hazlo; si no, no te entrometas, puedes convertirte en parte del problema. Muchas veces en un accidente de tránsito, los curiosos crean inmensos trancones solamente para ver lo que está pasando al otro lado de la calzada, sin tener la más mínima intención de ayudar; y lo peor es que ignoran que al fijarse en accidentes, crean en su mente la necesidad de atraer accidentes a su realidad de mundo, y en algunos casos impiden que la solución al problema llegue de manera oportuna.

Todo lo que ves "lo grabas" sin analizar si es cierto o no, y al final se convertirá en algo cierto, sea que grabes de una revista, una novela, una comedia, una película, un noticiero, un periódico o una valla. Por eso las empresas gastan tanto dinero en publicidad; de tanto que observas un comercial al final vas a sentir la necesidad de adquirir ese bien o servicio. Y repite "Para donde miro es para donde voy". Hasta que formes una creencia inconsciente, eso te hará más responsable.

– ¿La mente no sabe qué es cierto y qué es falso? Una parte mía intuye que somos mucho más que eso, que realmente ya sabemos en lo más profundo de nuestro ser, qué es falso y qué es cierto.

– No, la mente simplemente graba. Recuerda, por ejemplo, cómo sufrías al ver el desenlace que no querías en una película, aun sabiendo que era una película, fruto de la imaginación de alguien. Por ejemplo, parejas que desean tener un hogar donde reine la fidelidad y el amor, pero ven novelas cuya trama es la infidelidad y el odio después no entienden por qué, inconscientemente, se sienten atraídos hacia esos mismos comportamientos.

– ¿Quiere decir que no vea televisión, cine, periódicos, revistas, que me aparte totalmente de la realidad del mundo? –Pregunté. Esta información acompañada de mi necesidad de no equivocarme frente a él, o de pensar que lo que me estuviese diciendo fuera una trampa para probar si estaba o no utilizando mi discernimiento, me hacía reaccionar con preguntas que parecían fuera de lugar. Sin embargo, recordaba que en alguna instrucción anterior me había dicho que el que reacciona pierde, al hacerlo evidencia poca diferencia entre él y un animal, en cuanto que el animal no piensa sino que reacciona a un estímulo.

– ¿Entonces un médico no podría ver a un enfermo, un abogado a un preso, ni se podría ir a visitar a los pobres?

– La intención del médico es sanar y él está viendo la solución, no es parte del problema; el abogado quiere que su defendido sea liberado, está viendo la solución, no el problema. Si te enfocas en soluciones vas a encontrarlas, además debes hacerte sabio para elegir lo que ves; existen películas inspiradoras, programas de televisión que te informan, sin el contenido morboso de la noticia, libros que te inspiran, lo que empieza a suceder es que cada vez eres más selector, es decir, seleccionas mejor la información que recibes y te haces responsable de donde enfocas tu atención.

– ¿Y con los otros sentidos qué sucede?

– Lo mismo; lo que escuchas dormido o despierto, consciente o inconscientemente, se convierte en la materia prima de tus creaciones.

– ¿Tampoco podré escuchar noticias en la radio ni música ni a mis cantantes preferidos? –repliqué negándome a esa información que aunque lógica no podía comprender.

– Tú todo lo puedes, sólo que te conviertes en un selector, como dije antes, y la verdad es que con el paso del tiempo empiezas a sentir la necesidad de ver y escuchar otro tipo de información, la música que te gustará no será la misma, y las conversaciones y la gente con la que te asocies también cambiará. Al ir tomando nueva información, vas creando una nueva película y tu realidad de mundo también cambia, quizá cambies de casa, de amigos, de trabajo; en fin, si lo que estás grabando es mejor, tus resultados mejoran. ¿Has sabido de parejas que después de iniciar cursos de crecimiento humano o de entrar en contacto con nueva información uno de los dos, terminan separándose?

– Sí, muchas veces he oído que algunos talleres de superación personal separan las parejas, ¿por qué sucede eso?
– No es el taller, es la programación que están

recibiendo en su crecimiento personal, condicionados por los pensamientos rectores. Los pensamientos sobre Dios, lo espiritual, nuestras creencias del Eterno se convierten en nuestros pensamientos rectores y todos los demás se subordinan a ellos, más aún, cuando haces algo en contravía de esa información, generas un proceso automático de auto castigo o saboteo. Pronto estudiaremos este concepto más profundamente; por ahora comprende que toda enfermedad, pobreza, soledad o cualquier cosa negativa que suceda en nuestra vida no es un castigo divino, es sólo un mecanismo de auto castigo, por eso es tan importante aprender a sentirte inocente e intachable. Desde luego, si en una pareja uno de los dos empieza a crecer en el camino de su evolución y el otro no, en el futuro sus programaciones serán tan distintas que terminarán eligiendo caminos distintos. Se apartarán de lo que se conoce como séptima dominante de atracción, la frecuencia dentro de la que debe vibrar una pareja para que sigan sintiendo atracción el uno por el otro. Por esa razón es importante que vayan de la mano en su crecimiento personal.

— Yo conozco parejas felices, en las que a uno de los dos no le interesa hacer nada de crecimiento personal y al otro sí y no obstante permanecen unidos. Realmente en lo que me dice existe una incoherencia. —Al finalizar mi afirmación me percaté que otra vez había expresado un juicio demasiado fuerte. A él eso no le inmutaba, jamás lo vi fuera de sus casillas o de mal genio.

— Sigues con la costumbre de reaccionar a través de los juicios, eso te hace descalificar mi información; mucho más sabio es pedir una aclaración para poder comprender el otro punto de vista. En algunas parejas, una de las dos personas no necesita aprender estos conceptos de superación personal, porque ya los posee, eso depende de su evolución; y lo que hace la otra es ponerse al mismo nivel de su consorte, para cada día sentir mayor plenitud consigo mismo y con su pareja.

En el arte de la compatibilidad humana aprende lo

siguiente: en cuanto a lo físico a menudo nos gustan los opuestos; a las personas robustas les gustan las delgadas, a los altos, las pequeñas y así sucesivamente. En lo mental también buscamos los opuestos, si eres muy analítico atraerás a uno más sensitivo. Al compartir con alguien igual que tú mentalmente, producirás competencia continuamente y por ende, mayores conflictos; no necesitas estudiar lo mismo para poder compartir con alguien. Espiritualmente sí deseamos semejantes, personas que vayan de nuestra mano en el mismo camino, que estemos al mismo nivel de evolución. Si eres honesto, leal e íntegro, serás feliz con una persona que también tenga estas cualidades o valores. La información te acerca o te aleja de determinadas personas; pregúntate permanentemente a qué y a quién te haces o no atractivo. De nuevo, es importante que estés consciente y te hagas selector de lo que escuchas.

— Para mí estaría bien dejar de ver noticias o elegir cuáles escuchar pero y qué de mis cantantes favoritos. La letra de sus canciones reflejan sufrimiento, melancolía, soledad, tristeza; casi siempre se convierten en éxitos y canciones número uno de las listas más escuchadas.

— Existe lo que se conoce como masa crítica, y es eso lo que te atrae a aquello que más existe en el planeta. Por ahora este planeta es básicamente negativo; las noticias, películas, novelas, periódicos, chistes, canciones, todo es negativo, y a la gente le agrada eso, de modo que es necesario que cada vez seamos más los seres que nos manifestamos en la luz, para cambiar la energía del planeta. Con el paso del tiempo, cada nuevo día habrá más información positiva. Selecciona las canciones que te inspiran o audios de mejoramiento personal, donde te enseñen principios de éxito, y verifica que después de escucharlos te sientes lleno de energía, entusiasmo y ganas de conquistar tu mundo. Cuando se produce ese sentimiento dentro de ti significa que lo que estás recibiendo a través de tus cinco sentidos apoya la consecución de tus metas.

— ¿Significa que mi vida va a mejorar y muchas cosas van

a cambiar sólo por seleccionar la información que recibo?

– Más de lo que te imaginas, poniendo en práctica lo que estás aprendiendo, en cinco años se te dificultará creer que hoy en día tenías esta realidad de mundo, porque uno se convierte en los siguientes cinco años de acuerdo con los libros que lee y la gente con la que se asocia. Quiero hablarte un poco sobre la asociación: el medio ambiente que te rodea condiciona tu comportamiento más de lo que puedas determinar conscientemente, las emociones que rondan en el aire, al igual que los pensamientos, se pegan a ti, creándote necesidad de ello.

A menudo reaccionas de algún modo que no comprendes, como si te salieras de control; en esos momentos es probable que estés siendo controlado por las cargas energéticas del medio ambiente. Vigila constantemente, utilizando tu real sentir, si estás en el lugar correcto; no subestimes la influencia energética de los lugares, ellos tienen memoria y estés consciente o no de ello, esa memoria se impregna en ti. Si vas constantemente a lugares llenos de pobreza, empezarás a atraer pobreza a tu vida, lo mismo si vas a lugares donde reina la tristeza, ira, violencia, enfermedad, lujuria; igual si vas a lugares donde reina la prosperidad, la felicidad, el amor, la salud.

– Lo normal es que la mayoría de la gente carezca de este tipo de información, por eso en nuestros hogares tenemos poca conciencia de la influencia de la energía externa –comenté.

– Lamentablemente eso es cierto. Muchas veces en los hogares se generan energías de escasez por tanto hablar de pobreza y ello conlleva a más escasez, o de violencia de tanto pelear y sin darse cuenta, con el tiempo y sin motivo encuentran razones para estar agresivos. Sería una excelente idea vigilar todos los pensamientos y emociones que grabamos en nuestras casas, estás permanecen en el medio ambiente.

– ¿Qué hacer cuando uno a través del servicio va a lugares cuya vibración es baja? ¿Está haciéndose daño por ayudar a otros?

– Cuando vas a hacer servicio amoroso, alrededor tuyo la energía del amor crea una capa protectora, impidiendo que las influencias negativas se adhieran a ti. Debes asegurarte que estás haciendo un servicio amoroso y no es tu ego el que está a cargo, porque de otra forma no tendrás protección ninguna, esta es una ley natural y terminarás impregnado del medio ambiente negativo. Si escuchas atentamente tu corazón, comprenderás que él te guía informándote en qué lugares te conviene estar y de dónde debes partir. Haz caso a estas señales que es la sabiduría Divina guiándote. Cuando vas a una iglesia sientes paz, en una discoteca te dan ganas de bailar, en un restaurante te dan ganas de comer; los ambientes nos condicionan.

Acostúmbrate a encender velas en el lugar donde quieres cambiar la energía hacia la luz; esta es la forma de mejorar la energía, el fuego transmuta. Cuando pasas por experiencias desequilibrantes envía la ropa a lavar, en ella quedan grabadas tus emociones y las del medio ambiente y con el agua también logras transmutarlas. Y contigo haz lo mismo, acostúmbrate a bañarte cuando quieras cambiar tu energía; aprovecha ese baño e imagina que el agua viene impregnada de luz y que esa luz limpia tus campos energéticos, impregnándolos de perfección. Bañarte en agua del mar será una limpieza completa, el mar además de poseer agua salada, contiene todos los minerales. Caminar descalzo en la naturaleza también te descargará de lo negativo. El fuego y el aire puro también limpian; las fogatas, las velas, respirar en la naturaleza inhalando y exhalando profundamente, de modo que te acostumbres a llevar buenas noticias a tus células. La respiración profunda nos recuerda que algo bueno está pasando en nuestras vidas; practícala continuamente, te conviene.

– ¿En cuanto a la asociación con otras personas, cómo es su influencia en nosotros?

– Continuamente te asocias, sin ser consciente que te vuelves atractivo a los resultados de las personas con las que te asocias; de modo que es mejor confirmar qué con quienes compartes tienen los resultados que tú deseas o van al lugar adonde tú elegiste ir. Observa y toma conciencia de cómo te sientes después de compartir con alguien, ir a una iglesia, ver una película, leer un libro, pasar por algún lugar; si tu sentimiento es empoderante y te produce felicidad, esa asociación te conviene, de lo contrario procura evitar ese tipo de asociaciones.

Crea sinergia continuamente en tu vida, eso significa que debes comprobar que 1 + 1 = más de 2.

Cuando al salir de un lugar, vivir una experiencia, compartir con una persona sientes que estás más empoderado, esa asociación te conviene, y sólo cuando al asociarte estás creando sinergia, te estás honrando.

– ¿Qué hacer en caso que me sienta mal al compartir con algún familiar?

– A eso llamaremos asociaciones obligatorias, es parte de tu aprendizaje y lo más importante es que tengas la capacidad de elevarte, para no crear afinidad con aquello que rechazas. Debes convertirte en el observador, esa es la posición de Dios, observar; no criticar ni juzgar, sólo observar, aceptar y elevarte para que nada de lo que produzcan tus asociaciones obligatorias afecte tu bienestar, tu bien sentir, tu felicidad.

– ¿Qué pasa con nuestros demás sentidos, el tacto, el olfato y el gusto?

– Con el olfato grabas en tus células cada vez que respiras. Aprende a respirar profundamente cuando te pase algo que te guste, de esta manera programarás tus células con lo que te agrada y te harás atractivo a ello. Si te dan una buena noticia, respira, si pasas alguna prueba, si te encuentras con alguien especial o si sientes alegría, respira; inhala profundamente todas las cosas buenas que te sucedan. Cuando alguien te obsequie algo, en lugar de decir "no te preocupes", "qué pena contigo" o "perdone la molestia", mejor agradece y respira profundamente mientras dices para ti mismo "me merezco esto y mucho más"; decírselo a la persona que te dio el regalo sería necio, sin embargo pensarlo te abre a un merecimiento mayor y te da la posibilidad de recibir más y mejor cada día. Lo que recibimos es lo que Dios nos envía a través de la gente y lo que damos es lo que Dios da a través nuestro a la gente. Somos mensajeros de la prosperidad Divina.

Con el gusto sucede algo parecido; relaciona buenos momentos con sabores agradables, aromas exquisitos con placer y felicidad. Tu mente -que está diseñada para evitar dolor e incrementar placer en tus días- cuando vuelva a sentir estos sabores, atraerás la sensación de plenitud, grabados ya en tu cerebro.

En cuanto al sentido del tacto, cada día abre tus manos y ponte en posición receptiva, para que lo mejor te suceda. Cuando algo no te guste sacude tus manos o muévelas de adelante hacia atrás, indicando que eso queda en el pasado; si estás en algún lugar que no te gusta o con personas que no te agradan, protégete sintiéndote dentro de una gran esfera de luz para que esa energía no te penetre; cuando estás frente a energías negativas y te cruzas de brazos, toda esa energía queda impregnada en ti.

– He visto que utiliza muchas veces la expresión hacernos atractivos, ¿concretamente a qué se refiere?

– Tú te has hecho atractivo a muchas cosas en tu vida, realmente a todo lo que existe en tu realidad de mundo hasta el día de hoy; por lo tanto, observar lo que atraes es una buena fórmula para percibir cómo te estás programando cada día. Existen personas que se hacen atractivas a la pobreza, a la soledad, al engaño, a la tristeza, a la enfermedad y otras, a la riqueza, a la salud, a la felicidad, al amor. Al observar tus resultados, lo que estás atrayendo a tu vida, podrás determinar lo que estás grabando a través de tus cinco sentidos. Cambia la información que entra a través de tus sentidos por una más equilibrada y con seguridad te volverás atractivo a experiencias y cosas mejores. Antes de atraer algo a tu vida, primero debes programarlo en tus células y en tu mente, al igual que el campesino antes de poder cosechar debe estar pendiente de sus siembras; mientras más diligente sea el ser humano en las siembras, mejores y más abundantes serán las cosechas.

Si deseas cambiar los frutos, cambia las raíces; si deseas cambiar las raíces, cambia las semillas. Este viejo refrán te indica que el mundo visible es consecuencia del mundo invisible, que si deseas cambiar lo externo, debes cambiar internamente, tanto tus pensamientos y tus palabras como la información que recibes si no te conduce al lugar que quieres llegar. Tú puedes elegir conscientemente cambiar la información que recibes, y la forma de hacerlo es dedicar parte de tu tiempo a imaginar lo más vívidamente posible lo que deseas, involucrando al máximo tus cinco sentidos; otro método muy efectivo de lograr es a través de las conversaciones contigo mismo.

– ¿Y en qué consisten?

– La técnica del auto conversación es simple: graba en un audio con tu voz mensajes positivos, dirigidos a ti y luego los dejas sonando en el lugar donde estés; aunque no les pongas atención conscientemente o estén a volumen muy bajo, se convertirán en materia prima que entra a tu cerebro creándote una nueva realidad de mundo. Puedes, si lo deseas, ponerle música de fondo, mejor si la voz está en un tono pausado y relajado, como si le estuvieses contando algo casi en secreto a una persona. También puedes pedirle a personas que para ti representen autoridad o que admires y respetes, que te hagan el favor de grabar dicho audio; estas personas pueden ser tus padres, pareja, hermanos, familiar o amigos. Puedes grabarlo en primera, segunda o tercera persona, con distintas frases o afirmaciones e involucrar los diferentes aspectos de tu vida.

– ¿Podría darme un ejemplo?

– Primero haz un libreto de las afirmaciones con las que deseas programarte, por ejemplo:

Yo _____ _____, me amo y me acepto tal como soy.

Yo _____ _____, disfruto plenamente mi relación de pareja, guío a mis hijos para que cumplan la misión para la cual han sido creados, cada día y en todos los sentidos estoy mejor, mejor y mejor.

Yo estoy en conexión con la riqueza del universo, soy el feliz dueño de _____, etc.

Nota: puedes agregar todas las afirmaciones o decretos que desees, teniendo en cuenta hacerlo en primera persona, afirmativo y presente.

Luego puedes repetir las mismas afirmaciones o decretos en segunda y luego en tercera persona, así:

Tú _____ _____, «escribe tu nombre», disfrutas plenamente tu relación de pareja, guías a tus hijos para que cumplan la misión para la cual han sido creados, cada día y en todos los sentidos estás mejor, mejor y mejor.

Tú estás en conexión con la riqueza del universo, eres el feliz dueño de _____, etc.

Y en tercera persona sería:

_____ _____, «escribe tu nombre» disfruta plenamente su relación de pareja, guía a sus hijos para que cumplan la misión para la cual han sido creados, cada día y en todos los sentidos está mejor, mejor y mejor.

_____ _____, «escribe tu nombre» está en conexión con la riqueza del universo, es el feliz dueño(a) de _____, etc.

Cuando esté listo tu libreto con tus afirmaciones en primera, segunda y tercera persona, grábalo en un audio; recuerda, si deseas poner música de fondo, algún aparte de una obra de la música clásica, algo que suene agradable y relajado para tus oídos.

Finalmente, pon el audio a sonar con volumen bajo, ya sea mientras trabajas, almuerzas, duermes o cuando lo consideres pertinente. No te limites en lo que deseas, sueña en grande; escribe todo lo que quieras, un día te darás cuenta que en esas grabaciones que escuchabas incansablemente, a volumen casi inaudible, estaba reflejado exactamente tu futuro. La conclusión es muy simple: si tu medio ambiente no te da la información que necesitas para conseguir tus sueños, tú puedes crearla y tus cinco sentidos la recibirá como cierta, y será parte de tu realidad.

El silencio que continuó me hizo comprender que nuestra conversación había llegado a su final, y el hecho de saber que aún no habíamos completado la ruta del éxito y que nos faltaba gran parte de ella me producía cierta satisfacción, porque me dejaba entender que podría obtener un cita rápidamente, sabía que el señor Deeb era una persona muy ocupada, cientos de personas esperaban para poder entrevistarse con él.

— Saber qué se quiere y controlar la información que recibimos marca la gran diferencia en los seres humanos — terminó su asesoría con estas palabras pronunciadas como si estuviese pensando en voz alta—. Pon en práctica la información que has recibido, porque sólo el conocimiento que se aplica persiste en el espíritu. Hijo, que Dios te bendiga y que tengas una semana maravillosa.

— Gracias, lo mismo para usted —contesté, estreché su mano y salí de su oficina; aunque tenía muchas citas previstas me concedieron una para la siguiente semana. Debo confesar que este privilegio me producía mucha alegría porque me hacía sentir especial, elegido.

Al salir, corrí respirando profundamente, y al reflexionar que tenía una información valiosísima, grité ¡Me merezco esto y mucho más! sin importar quién me estuviese escuchando o viendo.

Protegiéndonos de la información que recibimos

La semana había transcurrido lentamente, a diferencia de la anterior, llena de percances y altercados; nada me salió bien, parecía que el mundo estuviese al revés, mis resultados eran exactamente contrarios a los que estaba tratando de crear a través de los decretos, visualizaciones y otras técnicas. Y ¿si esto fuera una falacia, un cuento bien echado por alguien necesitado de ser escuchado? Me asaltaba esta duda al recordar un argumento muy poderoso: toda información debe ser lógica, luego comprobada y finalmente pasar la prueba más importante, ver si funciona y nos lleva al resultado que estamos buscando.

Sentía rechazo de lo que consideré era fanatismo de parte mía. No cuestioné para nada las enseñanzas del señor Deeb y sabía que sólo lo que se pudiera comprobar era válido; el resto, una teoría más, y ahora aparentemente no funcionaba. Pensé olvidarme de todo, no volver a esas reuniones y dejar esos encuentros como una experiencia más; sin embargo, a veces nuestros deseos distan mucho de lo que nos depara el destino, y momentos más tarde el rebelde que habita en mí pensó que no podría dejar esa mofa de esa manera, decidí ir a hablar y desenmascarar al señor Deeb, decirle que nada funcionaba. Mi actitud realmente era muy distinta de la de la semana anterior, sabía que el niño rebelde tenía el control; al entrar, él me saludó amorosamente y con una gran sonrisa a prueba de una mala educación.

— Muy buenos días, hijo, ¿cómo fue tu semana?

— Peor imposible —exclamé queriendo culparle o que sintiera mi reclamo bien merecido.

– ¿Y cómo te sientes?

– Muy mal, nada me sale bien, mi mundo parece al revés y ahora que estoy juicioso con sus recomendaciones, haciendo los decretos y visualizando, estoy atrayendo a mi vida exactamente lo contrario.

– ¡Vamos bien! Ya estás pasando por lo que se denomina la prueba del conquistador.

– Yo no veo que pueda tener de bueno lo que me está sucediendo. ¿Podría explicarme por qué aparentemente nada funciona? –le dije, en un tono que dejaba claro mi desilusión e inconformidad.

– Cuando empiezas a tomar conciencia que eres co-creador con Dios y eliges conscientemente lo que deseas, y empiezas a querer materializar a través de técnicas, como por ejemplo los decretos, debes pasar dos estadios que son la suerte del principiante y la prueba del conquistador -tomó la palabra y esta vez no me dio la oportunidad de volver a preguntar nada, seguramente no era la primera vez que vivía esta experiencia con un aprendiz, no me quedó más remedio que escuchar atentamente-. La suerte del principiante se manifiesta casi inmediatamente que eliges crear algo, una serie de coincidencias suceden en tu vida que te hacen tomar confianza y determinar que estás en el camino correcto y que todo te lleva hacia la conquista de tu sueño. La prueba del conquistador examina tu certeza; jamás olvides esta palabra, es mágica y antes de lograr algo el universo debe saber que en tu corazón existe la certeza; ese estado en el que no existe la duda, la fe se manifiesta y la alegría de saber que lo deseado ocurrirá en el momento oportuno es el nivel máximo de confianza en Dios. Cuando vives en la certeza, cada instante está lleno de felicidad, sabes que más allá de las apariencias, lo que estás deseando se está manifestando y puedes darle gracias a Dios y confiar. Cuando estás viviendo en certeza aprendes a agradecer por lo que te sucede y lo que no te sucede, por lo que tienes y por lo que no tienes.

En la prueba del conquistador no es permitido dudar. Si la duda surge, la energía con la que materializas tus sueños se disipa, o bien anulando tu pedido o bien aplazándolo. Por esta razón te suceden cantidad de cosas que aparentemente, y te aclaro aparentemente, son contrarias a lo que estás pidiendo. Con un poco de sabiduría no te dejas atrapar por esa ilusión y sigues disfrutando del resultado exitoso como ya logrado. Si un ejecutivo de ventas empieza a decretar para mejorar sus resultados y su mejor cliente decide no comprarle más, probablemente pensará que los decretos no funcionan o que está haciendo algo mal; la verdad es que ambas conclusiones son falsas, ésta es la prueba del conquistador, por lo tanto su actitud debería ser: algo mejor viene en camino y con seguridad aparecerá un cliente mucho más efectivo del que consideraba el mejor. Sucede a menudo que alguien empieza a decretar prosperidad, aparentemente el dinero se le esconde y vive temporalmente situaciones de escasez, todo lo contrario a su decreto; por eso jamás lo olvides, es la prueba del conquistador. Pasa esa prueba y el dinero llegará ilimitadamente y de la manera menos pensada.

Si empiezas a decretar por tu salud te puede suceder exactamente lo mismo, puede que una enfermedad se complique, recuerda que todo es temporal, la prueba del conquistador quiere determinar tu certeza para hacerte merecedor a tu deseo. Una máxima común en Asia proclama que nada es permanente, todo es transitorio, aun este momento pasará; no te compliques cuando estés pasando por momentos difíciles, aprende lo que más puedas, ese maestro también partirá. Ahora bien, la prueba del conquistador sólo la merecen los hacedores, la vida no se detiene a enseñarles a holgazanes; hasta que ellos no se comprometan con sus propia existencia no les sucederá ninguna clase de eventos que les dejen saber si se están acercando o no a sus objetivos. Hasta que una persona no toma acción decidida, la monotonía reinará en su vida. Algunas personas piensan que están pasando por la prueba del conquistador, cuando en realidad la problemática que tienen es fruto de no tomar acción constante y determinante hacia la conquista de sus sueños.

– ¿Cómo saber que realmente se está viviendo la prueba del conquistador?

– Muy simple: si estás haciendo todo lo que verdaderamente puedes, trabajando como si tu futuro sólo dependiera de ti y confiando que nada sucede sin la voluntad de Dios, sólo en ese momento puedes darle la bienvenida a los obstáculos, que es la prueba del conquistador disfrazada de problema; tan pronto superes esa prueba el premio es tuyo.

Adicionalmente en la suerte del principiante y la prueba del conquistador, es que, estamos sometidos en la ley de causa y efecto; esto significa que muchas veces antes de lograr materializar algo, debemos recibir los frutos de siembras anteriores. Si durante mucho tiempo viviste decretando que en tu mundo existía la pobreza, tan pronto empiezas a decretar prosperidad, luego de la suerte del principiante empiezas a recoger antes de, o como parte de la prueba del conquistador, todas tus siembras anteriores, es inteligente mantenerte enfocado en lo que quieres, para que lo que no quieres desaparezca de tu vida.

Otro error en los procesos de creación es hablar de ello con la gente, principalmente cuando es desequilibrante. Primero grábate en la cabeza que cuando te quejas, muchas personas no les importa lo que les estás contando, a otras les molesta saben que les estás enviando basura a su realidad de mundo con tus quejas y otras se alegran de tu desgracia. Elévate, sé sabio, no comentes nada negativo, por una parte lo estás recreando, esto significa que pones en acción la ley de causa y efecto, y continuarás atrayendo a tu vida aquello de lo que deseas liberarte. Que sólo salgan de tu boca aquellas palabras que quieres ver regresar como realidad a tu mundo. Además sólo estás hablando de parte del proceso, no tienes todos los elementos para emitir un juicio, si alguien te invita a su casa a tomar una sopa y al entrar en la cocina pruebas lo que hay en la olla y sólo te sabe a agua con sal y juzgas que el almuerzo va a estar horrible, sin saber que es la primera fase de la preparación de algo exquisito.

Vivir en la posición del observador —el campesino se encarga de su presente, siembra y trabaja como si todo dependiera de él, pero en su corazón sabe que todo está en las manos de Dios, todo es parte de la bondad del cielo para que la cosecha perfecta llegue en el momento perfecto— es un estadio de mucha sabiduría, ésta es la posición perceptiva de Dios. Sin embargo, nosotros preferimos vivir juzgando todo como bueno o malo y de inmediato nos anclamos a esas experiencias. Te invito que aprendas a vivir en la gracia, en la perfección, bendiciendo lo que sucede a tu alrededor; no tienes la forma consciente por ahora de ver todos los procesos de creación, sólo mantente pensando que la mano de Dios que todo lo sabe y actúa en perfección, está haciendo que todo se confabule para que tus deseos o algo mejor llegue a tu vida.

— Un juicio que tengo ahora es que cuando no tengo dinero debo engañarme y decir que sí lo tengo, o intentar engañar a los demás presumiendo lo contrario —interrumpí abruptamente.

— No se trata de engañarte ni engañar a los demás, se trata de ser más sabio. Podrías elegir cambiar algunas de tus creaciones y darles un tiempo menos permanente en tu lenguaje. En lugar de decir "no tengo dinero", podrías afirmar "en este momento no tengo dinero". La diferencia estriba que en tu primer decreto estás creando algo para tu futuro y en el segundo estás contando algo en un momento determinado. Puedes empezar a cambiar frases como "nadie me comprende, nadie me entiende", por "no me he explicado correctamente en este momento" o "hasta este momento he atraído personas que no comprenden mi punto de vista"; "nada me sale bien", cámbialo por "hasta este momento las cosas no han salido como yo quiero"; "nadie me ama, todos rechazan mi forma de ser" cámbialo por "hasta este momento no he encontrado la persona que merezca ser mi pareja", "hasta este momento he elegido atraer personas que me rechazan"; "me siento pésimo, estoy muy enfermo" cámbialo por "en este momento me siento mal de salud o me duele tal parte del cuerpo"; "nunca salgo a ningún lado" cámbialo por "hasta este momento no he ido al lugar que deseo".

Dale un momento determinado a tus expresiones para evitar que las sigas creando o recreando. Utiliza palabras sabias: cada día y en todos los sentidos estoy mejor, mejor y mejor. En la pregunta de ¿cómo te encuentras hoy? o ¿cómo estás? respuestas empoderantes serían: progresando, contento, voy de mejor en mejor, divinamente, viviendo en la gracia, maravillosamente, cada vez mejor. Tú que eres un creador ilimitado crea las respuestas que te aseguren un futuro más poderoso.

ANTIVIRUS

Para evitar contagiarte de información que no apoye tus creaciones es importante crear un antivirus que filtre la información que recibes; como lo necesitan los computadores, tú también lo necesitas. El antivirus es una protección contra aquello que te desvía de la consecución de tus objetivos. Tenemos la capacidad de elegir la información que entra a través de nuestros sentidos, sin embargo no somos ajenos a nuestro alrededor y, lo entiendas o no, estás más influido de lo que te imaginas por los pensamientos, palabras y experiencias que habitan alrededor tuyo.

La forma en que funciona el antivirus: debes hacerte consciente de tus cinco zonas de poder: lo que visualizas –los pensamientos que permanecen en tu mente–, lo que decretas –cualquier palabra que pronuncies–, lo que haces, lo que sientes –la retroalimentación divina–, todo lo que sientes es sagrado y es como la vida te muestra el camino correcto o equivocado, y con lo que te alimentas física, mental y espiritualmente. Tu alimento físico es lo que comes diariamente, creando en el cuerpo físico salud o enfermedad. Tu alimento mental es la información que captas consciente o inconscientemente por medio de tus cinco sentidos. Tu alimento espiritual es la oración, hablarle a Dios; ejercicios espirituales, ir hacia Dios; meditación, escuchar a Dios y contemplación, ver a Dios en todo ser viviente.

¿Cómo funciona el antivirus? Cuando venga a tu mente algún pensamiento o alguna imagen de algo que no es lo que quieres manifestar en tu futuro, al igual que cuando pronuncies consciente o inconscientemente alguna palabra que tampoco quieres que se materialice y sabiendo que cada pensamiento y palabra crean tu realidad, inmediatamente declaras en voz alta: cancelo esto para mí, o puedes decir borro esto para mí, elijé una expresión que te deje saber que eliminas esa creación, palabras como: cancelado, no lo acepto, borrado, eliminado, funcionan bastante bien.

En relación con tus actos, cuando hagas algo a alguien y descubras que no es lo que deseas para ti -consciente que la ley de causa y efecto atraerá hacia ti aquello que hagas a los demás-, suspende las acciones que no deseas que se te devuelvan, reparando inmediatamente el daño causado.

En tus sentimientos, enciende tu antivirus escuchando atentamente lo que dice tu cuerpo en cuanto a alguna situación o persona. Recuerda que tú puedes determinar cuándo algo o alguien te conviene: generalmente tu cuerpo se siente complacido y lleno de energía cuando estás con las personas correctas o haciendo lo correcto. De la misma manera, cuando estás haciendo lo incorrecto o con las personas equivocadas, tu cuerpo se siente sin energía, con sentimientos de disgusto hacia ti y hacia tu ambiente. Es importante asociarnos correctamente y saber que una asociación que ayer fue correcta, tal vez hoy no lo sea. Escucha tu cuerpo y sigue sus señales, eso te evitará tropezar inútilmente.

Conecta tu antivirus permanentemente para que seas consciente de lo que entra a través de tus cinco sentidos; para lograrlo practica la oración, pidiendo protección cada mañana, y recuerda que para donde miras es para dónde vas. Cuando oiga o veas algo que no te conviene, ponlo en la luz para que la mano de Dios se haga cargo de esa situación o comentario, y agrega una expresión como: no lo acepto ni para mí ni para nadie.

– O sea que el antivirus consiste en rechazar conscientemente lo que no nos gusta, negándolo en voz alta.

– Sí, más la intención de poner todo, a través de la oración, en las manos de Dios para que la perfección se manifieste. En la mayoría de los casos, no somos conscientes de la información que recibimos y es a través de ella cuando más virus penetran por nuestros cinco sentidos. Otros de los más efectivos antivirus que existen en el universo son amar, servir y vivir permanentemente alineados con el propósito Divino.

Esta vez parecía más un monólogo que un diálogo, y lo que me estaba enseñando tenía tanto sentido y se anidaba tan profundo en mi corazón, que por un instante pensé que esta sensación la vivía todo aprendiz y se vino a mi mente la imagen de Jesús el Cristo enseñando a sus discípulos y ellos absorbiendo cada palabra en total concentración y sin cuestionar nada. Sentí pena de mí por haber dudado del señor Deeb, y como si él pudiese leer mi pensamiento interrumpió mi silencio.

– Felicitaciones, estás entrando en el sendero de la luz.

– ¿Qué se necesita para entrar en el sendero de la luz?

– Ser un discípulo.

– ¿Y cuáles son las características de un discípulo?

– Un discípulo es aquel que está dispuesto a dejarse guiar para recorrer un sendero o llegar a determinado resultado. Existen tres características que hacen a un verdadero discípulo: la primera es que sea un buen aprendiz, abierto y receptivo, que esté dispuesto a aprender de su guía, sabiendo que la mente, al igual que un paracaídas, funciona cuando está abierta. La segunda es la disciplina, que consiste en hacer lo que debe hacer en el momento preciso. La diferencia entre un discípulo y un seguidor es que el primero tiene disciplina interna y hace lo correcto en el momento correcto; el segundo requiere que otra persona le imponga disciplina y le diga qué hacer y cuándo hacerlo. La tercera característica de un discípulo, tal vez la más importante y es por eso que te felicito, es el discernimiento, en esto has sido un verdadero discípulo. Sólo cuando se está dispuesto a cuestionar y ese cuestionamiento es una necesidad que viene del corazón por entender algo, no de nuestro intelecto ni de nuestro ego, se es un discípulo. Todo debe pasar por un proceso: la información te debe sonar lógica, la debes comprobar y te debe conducir al lugar al que deseas llegar.

– Aunque me mantuve en silencio, mi mente revoloteaba con muchos pensamientos. Percibí que el señor Deeb estaba asumiendo la posición del observador y que no emitía ningún juicio en relación con lo bien que me sentía al tener el privilegio de comunicarme con quien podía ver desde esa posición la vida; me sentía feliz que él reconoció el valor que tuve de cuestionarlo y supo que eran preguntas reales, que surgían de mi corazón en mi deseo de aprender todo lo que me estaba enseñando.

Sobre la información

– Debes saber que lo que recibes a través de tus cinco sentidos te llena de información y conocimiento– prosiguió, como si esta vez el tiempo fuese un factor importante y estuviese en contra; tuve la sensación que deseaba decirme muchas cosas sin perder un instante–. Si le preguntas a alguna persona referente a su profesión, te dirá que la aprendió: un médico estudia medicina; un ingeniero, ingeniería; un arquitecto, arquitectura; un administrador de servicios, administración de servicios, no nace instruido. Lo mismo sucede con la religión que se profesa; a través de sus padres la mayoría la aprendió sin cuestionarla; lo mismo sucede con el idioma que hablas, si naces o vives en Alemania hablas alemán, en Italia, italiano; la comida que te gusta también depende del lugar donde creciste, aprendiste a sentir mayor o menor atracción por determinados alimentos. Tu destino sería distinto si hubieras nacido en otro país, con idioma, religión, costumbres y paradigmas diferentes, lo cual sin lugar a dudas haría de ti una persona distinta.

De esto se deduce que la información y los conocimientos que tienes llegaron a ti a través de tus cinco sentidos y puedes concluir varias cosas:

1. Todo puede aprenderse. Si lo deseas, puedes convertirte en un excelente médico, abogado, ingeniero o psicólogo; puedes profesar la religión que elijas, aprender el idioma que desees y generar atracción por un tipo de comida.

2. Los límites no existen, sino que son autoimpuestos. Tú eliges establecer tus propios límites en lo que quieres llegar a saber, ser, hacer o tener.
3. No existen elegidos. Cada cual se elige o se rechaza a sí mismo. No existen personas incapaces, sino carentes del entrenamiento correcto.

4. Puedes cambiar la información que has recibido, si descubres una nueva información que te empodera más.

Sé sabio, recuerda que la información controla tu destino; información incorrecta te llevará al lugar equivocado o te mantendrá viviendo mediocremente. Adquiere nuevos conocimientos constantemente; conocimientos sobre cómo ser más feliz, cómo vivir más consciente y estrechamente con Dios, cómo tener mejor salud, una vida más próspera, hacer más y mejores amigos, cómo comunicarte correctamente, cómo aprender y aplicar principios de éxito; conocimientos que te hagan mejor persona, mejor padre, mejor hijo, mejor amigo, mejor profesional, mejor estudiante. Y no olvides que siempre existe una manera mejor y más fácil de hacer las cosas. Si deseas un futuro mejor, selecciona mejor información para que se convierta en conocimiento el cuál te conduce a las creencias.

– ¿Todo lo puedo aprender? Y ¿Dónde quedan los dones, las aptitudes y los talentos?

– En el universo donde tú y yo vivimos todo es aprendido, aunque no recordemos los momentos de dicho aprendizaje. Tú puedes convertirte en una persona con determinados dones, aptitudes y talentos, basta con dedicarle un tiempo diario a su aprendizaje. Si dedicas una hora diaria a un arte, en un año serás un experto en el ámbito nacional y en cinco años, en el internacional.

– Estoy seguro que sí dedicara todo mi tiempo a cantar y tocar un instrumento o pintar, jamás conseguiría ser un gran cantante o músico consagrado o pintor famoso.

– En eso tienes razón, y no porque no puedas, sino al hacer una declaración tan fuerte como "estoy seguro", tu poder creador manifestará esa realidad. Lo que voy a decirte sólo déjalo volando en tu mente para que germine como algo cierto en el momento y lugar adecuado: no todos los aprendizajes corresponden a esta vida, muchos de nuestros talentos fueron aprendidos en otras vidas; sólo que las artes, a diferencia de lo que aprendemos a través del intelecto, permanecen eternamente en nuestras almas.

– ¿Quiere decir que hubo una época, que ni usted ni yo conocemos, en que los artistas famosos ignoraban cómo cantar, pintar o actuar correctamente y fue a través del aprendizaje que adquirieron esos talentos y después de adquirido un talento permanece eternamente, lo que significa que un día en el futuro yo podré ser un genio talentoso en cualquier cosa que elija?

– ¡Así es! Y ahora que entendiste lo referente a la información y el conocimiento, te voy a introducir en uno de los temas más importantes de la ruta del éxito, las creencias.

Sobre las creencias

Las creencias son aprendidas, es lo primero que debes saber. Ninguna creencia es original, todas son fruto de la información que recibes a través de tus cinco sentidos, en la medida que vas cambiando tu información, las creencias también empiezan a variar. Existen creencias falsas, son todas aquellas que te imponen límites y te alejan de los resultados que tú deseas en tu vida; y están las creencias verdaderas, aquellas que te empoderan y te conducen al lugar adonde quieres ir o a la conquista de tus sueños.

– En sí ¿qué es una creencia? –pregunté con la curiosidad y la ingenuidad de un niño frente a lo incierto.

– Es un pensamiento arraigado en tu mente, al cual le has otorgado total certeza y simplemente es incuestionable para ti, determina tus límites y tu comportamiento de cómo hacer algo y de lo que es. Cuando una creencia es generalizada se conoce con el nombre de paradigma o creencia colectiva.

– ¿Eso significa que uno puede obligarse, a desarrollar nuevas creencias?

– Sí, y esa flexibilidad es la clave de la evolución; muchas de las cosas en las que ayer se creía, hoy se tienen como falsas. Primero diferenciemos cómo se instaura una creencia: Cuando recibes una información por primera vez, la reacción lógica es negarla, a medida que obtienes información adquirieres los argumentos suficientes y ganas la certeza, por ende la duda desaparece; en ese punto la creencia es total. Los dos grandes problemas que limitan la creatividad humana son la duda y el miedo, y el antídoto o el antivirus que se necesita es: contra la duda, llenarte de la información correcta y contra el miedo, tomar acción. Cuando duda y miedo desaparecen de tu vida, los resultados deseados llegan más rápidamente.

– Si he entendido bien, significa que para conquistar nuestros sueños se necesita certeza, ¿o sería mejor decir creencia?

– A la creencia se llega a través de la certeza, y ésta es fruto de la información o cuando que conscientemente buscamos y comprobamos que es cierta; o cuando la recibimos de alguien que representa autoridad en nuestras vidas y no sentimos necesidad de comprobarla; esa persona puede instalarnos automáticamente nuevas creencias. Por eso te hago tanto énfasis en la importancia de discernir continuamente.

Veamos dos ejemplos:

1. Cuando algún amigo te propone un negocio nuevo lo primero que surge dentro de ti es duda, luego te da información y eso hace que adquieras certeza; cuando veas que muchas personas están disfrutando del éxito en ese negocio, obtienes la creencia; la certeza se ha desarrollado a través de información y modelos comprobables.

2. Cuando una persona que representa autoridad para ti en ámbitos religiosos, políticos, científicos, económicos, o de salud lanza un nuevo paradigma, una nueva programación o una nueva creencia y no lo cuestionas, simplemente lo aceptas como cierto.

Más allá del paradigma del bien y del mal, necesitas aprender a discernir cuándo una creencia es falsa y cuándo es verdadera, la diferencia: toda creencia que te aleje del resultado exitoso preestablecido por ti es una creencia falsa y toda creencia que te conduzca a la conquista de tus resultados deseados, es una creencia verdadera.

– Me da miedo pensar que no importan los medios sólo los fines. Dicho de otra manera, que puedo hacer lo que me dé la gana, como ya no importa si algo es bueno o malo y todo se me hace posible, que puedo hacer y deshacer a mi antojo; creo que se debe tener cuidado podríamos terminar incluso pasando por encima de los demás con tal de conquistar nuestros resultados, nos entregaríamos totalmente a un estilo de vida maquiavélico.

– El antivirus para esa creencia es mantenerte viviendo y actuando siempre en el bien mayor, comprobando que ninguna de tus creaciones se manifieste a costa de otros y determinando siempre la ecología de lo que deseas. Recuerda que el juego de la vida se gana únicamente cuando todos los involucrados ganan. Si alguien debe perder para que tú ganes, o tú perder para que otros ganen, tarde o temprano se darán cuenta que ambos perdieron. Sólo ocúpate en no hacerte daño ni hacer daño a los demás y vivir en un constante gano–ganas.

Muchas de las creencias que ayer eran incuestionables hoy son totalmente falsas, veamos algunas: "la Tierra es plana; el que no sea bautizado en la religión católica se va para el infierno; la mujer no necesita educarse, nació sólo para servir al hombre; el hombre no puede viajar al espacio; los seres de color son inferiores; el átomo es indivisible; enfermedades como la lepra, el cáncer, la tos ferina son incurables; los humanos tienen un destino, que no se puede alterar". Nadie comparte esas repugnantes y obsoletas creencias, gracias a la evolución de la humanidad y la ruptura de los viejos paradigmas.

Y la ruptura de muchas de las creencias populares hicieron en su época un nuevo héroe, un nuevo genio de la ciencia, un nuevo líder, un nuevo millonario, en síntesis crearon un nuevo mundo, con una calidad de vida totalmente renovada: inventar el automóvil; inventar y mejorar la capacidad de los aviones; inventar la forma de viajar y conquistar el espacio; inventar los computadores y luego los portátiles; inventar el teléfono y luego los celulares; inventar la internet y la comunicación a través del correo electrónico y el chat; inventar la cura para enfermedades aparentemente terminales; reconocer el valor de la mujer y su importante espacio en la sociedad; vivir en apertura mental hacia nuevas creencias ideológicas y religiosas, respetando las creencias individuales y colectivas, creando un clima de respeto por todos los seres humanos.

Estas nuevas creaciones reinventaron el mundo y la forma de vivir en él, quizás ni imagines los cambios que vendrán, cada día existirán más personas dispuestas a romper antiguos paradigmas y lograr lo que para otros es imposible. Seguramente verás la tele transportación, viajar de América a Asia en cuestión de minutos, a personas que decidan ir de vacaciones al espacio o que elijan habitar en otros planetas. ¿Te das cuenta que la ciencia ficción que mostraban las películas, ahora es realidad, fruto de la ruptura de los paradigmas? Gracias a Dios, cada día somos más flexibles en la transformación de nuestras creencias, al darnos cuenta que no funcionan. Recuerda que las creencias que tú tienes pueden empoderarte o limitarte; ser consciente de cuál te aleja de los resultados deseados por ti y cuál te acerca a ellos es un paso hacia la excelencia.

Se diría que aprender a pensar no es necesario, sin embargo una de las principales razones del sufrimiento humano es que no sabe como pensar. Saber pensar es determinar exactamente lo que quieres, más allá de los límites del tiempo, del dinero y de lo que las personas, basadas en sus experiencias, determinan que es posible o imposible. Saber pensar correctamente es enfocar tus diálogos internos para encontrar el beneficio, algunas veces oculto, de los resultados cuando son contrarios a los deseados; Saber pensar, hijo, es dedicar 15 ó 20 minutos cada día, al acostarte o al levantarte, a encontrar las posibles soluciones exitosas a tus problemas. Eso es saber pensar.

Algunas creencias limitantes

- Sentirte culpable, rechazado, feo, pecador, no deseado, que no vales, no eres suficiente, no sirves o no puedes. El antídoto es sentirte útil, inocente, intachable, capaz y digno.

- Pensar que el destino ya está trazado, que somos víctimas del destino. El antivirus es sentirnos creadores del ciento por ciento de nuestros resultados, responsables de lo que atraemos y de lo que proyectamos a nuestra realidad de mundo.

- Los demás no me apoyan, me tienen envidia, siempre quieren aprovecharse de mí. El antídoto es creer en las personas y confiar en ellas y en su capacidad, si es el caso hasta que te demuestren lo contrario.

Si tú modelas las creencias de las personas que tienen los resultados que tú quieres, sin duda alguna obtendrás esos mismos resultados. Te presentaré cuatro creencias que tienen todas las personas de éxito:

CREENCIAS FUNDAMENTALES

1. Creer en Dios. Tienen total creencia en que todo es conducido por la mano de Dios y una excelente comunicación con el Dios en el cual creen. No necesitan pertenecer a determinada religión para tener éxito, todas las personas de cualquier religión tienen éxito: católicos, protestantes, testigos de Jehová, budistas, mahometanos, chiítas, musulmanes. Lo importante es que tengan una creencia total en Dios y una excelente comunicación con Él o, lo que es lo mismo, estén en conexión continua con la fuente. Ellos saben que todo lo pueden en Dios, quien los fortalece.

2. Creer en sí mismo. Saben que fueron creados a imagen y semejanza de Dios y que se les dio el poder de ser co-creadores con Dios; que los límites no existen y que son autoimpuestos; que no existe en este planeta alguien superior ni inferior a ellos, que todos fuimos creados iguales, con la potestad de ser desiguales; jamás se venden barato, le exigen a la vida lo mejor y,

recíprocamente, le dan lo mejor de ellos.

3. Creer en los demás. Jamás menosprecian a ninguna persona, cuando hablan con alguien, saben que están frente a un ser ilimitado, limitado sólo por su propia ignorancia, lo ven no como es ni por lo que tiene, sino que tienen la magia de ver a la gente como puede llegar a ser, tratan con respeto a los demás y encuentran en el arte de la comunicación una mejor manera de tratarlos. Acostumbran ver a Dios en los ojos de cada persona.

4. Creer en lo que hacen. Aman lo que hacen, se sienten orgullosos de ello, hacen su trabajo no para el mundo sino para Dios, su trabajo es la forma como le pueden devolver al mundo tantas bendiciones, saben que en el servir y el dar está el propósito y el sentido de la vida. Tienen claro que ninguna labor es más importante que otra, y cada día pretenden hacer mejor lo que hacen como una forma de agradecer al cielo. Cada día se preparan más y mejor para poder servir de la manera adecuada, saben que todo es susceptible de mejorar y que cuando se cree que todo se sabe o que ya algo está hecho a la perfección, se puede entrar en el síndrome del producto terminado y la mediocridad reinará en sus vidas.

— ¿Nada más con esas cuatro creencias mi vida podría mejorar?

— Con seguridad. Si no mejoran tus resultados es porque estás faltando a alguna de estas cuatro creencias fundamentales.

— ¿Cómo puedo mejorar mis creencias?

— A través de la información. Lee libros que te lleven a incrementar estas cuatro creencias, escucha audios, ve películas, asiste a seminarios, asóciate con personas que sean leales a estas creencias. Y una recomendación más, nunca es suficiente.

– ¿Nunca es suficiente? ¿Eso no sería estar siempre insatisfecho? No entiendo.

– Jamás es suficiente tu creencia en Dios, en ti, en la gente y en lo que haces. Siempre puedes incrementar esa creencia y mientras más, mejor; lee libros sagrados para incrementar tu creencia en Dios, práctica la oración, la meditación, la contemplación y los ejercicios espirituales. Para acrecentar la creencia en ti lee libros de autoayuda, los mejores son las autobiografías, escucha audios de mejoramiento personal, asóciate con la gente correcta, ámate incondicionalmente, acepta plenamente el pasado, perdónate por todas las culpa que tengas, siéntete digno de lo mejor, vive siempre en primera clase, no te vendas barato. Para incrementar la creencia en la gente, espera de ellos lo mejor; edifícalos constantemente, enfócate en sus cualidades, evita hablar de lo negativo de una persona, que tus juicios no te impulsen a creer que es cierto lo que piensas; cuando tengas la oportunidad de servirles, hazlo. Lee libros sobre cómo relacionarte correctamente con los demás. Y para ampliar la creencia en lo que haces, infórmate cada vez más sobre aspectos profundos y técnicos de tu profesión, encuentra argumentos que le den a tu trabajo un sentido superior, pide ayuda universal para que lo que hagas esté ligado con tu propósito de vida, y llénate de argumentos sobre cómo puedes mejorar tu entorno y desarrollar felicidad en la gente gracias a lo que haces.

Si observas con la sensibilidad de quien desea aprender en cada instante de la vida, podrás observar que de un país a otro cambian muchas creencias, ahí radica la diferencia de los resultados. Existen países donde la gente cree más en Dios y tiene una mejor comunicación con Él, en otros pareciera como si fuese el imperio de Sodoma y Gomorra y por ende sus resultados son caóticos. En algunos lugares las personas creen más en sí mismas y se sienten orgullosas, se enfocan en crear, en descubrir, en investigar y, por consiguiente, la prosperidad les acompaña, creen en lo que hacen, buscan los conceptos de calidad total, siempre están innovando y mejorando lo existente. En otros países acostumbran sólo a copiar, pareciera que la creatividad se les agotó, la rutina los carcome, nada es original, la pobreza, la enfermedad y la violencia acompañan sus días. Existe gran diversidad de países donde sus habitantes creen más en los demás y respetan más los derechos humanos, en otros se tratan entre ellos peor que a animales.

Las costumbres también son diferentes; en algunos lugares no se les permite crear ni pensar; en otros, se premia la innovación; en unos se menosprecia a la mujer, en otros la mujer los lidera. Algunas religiones enseñan a través del temor, otras a través del amor; en alguna parte enseñan el auto castigo y la flagelación, en otras el perdón y la aceptación.

Selecciona tus creencias, hijo; necesitas mucho discernimiento y valor para estar dispuesto a cuestionar y cambiar las que ya no te funcionen. Controla la información que recibes y controlarás tus creencias. A más y mejor información, mejores creencias empoderantes; a menor información, mayor dependencia. Debes estar atento y reconocer cuando alguien te quiere programar; pon tu antivirus a funcionar continuamente. Cuando te digan que no puedes lograrlo, que no se puede hacer algo, cuando te pongan límites, cancela eso. Y lo más importante, si quien está poniendo límites eres tú mismo o un amigo, un familiar o una persona en la que creas y represente autoridad, debes estar alerta, eso se puede instalar de forma automática, como una nueva creencia limitadora.

Conviértete en un selector y mantén tu capacidad de discernir al ciento por ciento, permanentemente, para que seas consciente de los programas que tratan de instalarte a través de la religión, la profesión, los amigos, tus padres, tu pareja, tus hijos. Recuerda que tú mismo te instalas consciente o inconscientemente en nuevas creencias a través de tus diálogos internos, auto conversaciones, visualizaciones, decretos y afirmaciones. Aprende a instalarte creencias empoderantes a través de un comercial.

– ¿Cómo voy a hacer un comercial si no soy publicista?

– Es bastante simple, analicemos para qué sirve la publicidad. La publicidad te da a conocer un nuevo producto o servicio, te hace creer que es de excelente calidad y además te crea la necesidad del mismo.

Una vez que sabes el objetivo de tu comercial, lo haces de tal modo que cubra tus necesidades, le colocas la emoción necesaria para que impacte y la frecuencia adecuada para que sea recordado. Para instalar creencias empoderantes, tu comercial debe cumplir los mismos requisitos:

- Durar máximo 30 segundos.
- Utilizar palabras empoderantes y que reflejen o te conecten con felicidad, placer, plenitud.
- Escribir en él los resultados que quieres lograr o la persona que deseas ser durante el día.
- Leerlo al levantarte en la mañana, en voz alta, frente al espejo, y repetir esta rutina cada hora, hasta el momento de acostarte. Notarás cómo un torrencial de energía y coincidencias te lleva a hacer realidad lo escrito.
- Una nueva creencia se instala en ti y dirigirá tus resultados ese día.

Ejemplo de un comercial para incrementar ventas

Yo _____, soy el mejor vendedor de_____, yo atraigo hoy a mi vida a personas que disfrutan comprando mis productos al precio que les ofrezco. Dios me abre las puertas de aquellos que necesitan mis productos y el universo concierta para que yo llegue a ellos de una manera fácil y placentera. Me siento feliz el presupuesto del día, _____, fue superado con creces.

Ejemplo de un comercial para incrementar amistades

Yo _____, me amo y me acepto tal como soy. Atraigo a mi vida personas que me aman y me aceptan tal como soy. Cada persona con la que me encuentro es un aporte importante para cumplir el propósito para el que fui creado y tiene una enseñanza específica para mi futuro. Cada día tengo más amigos leales, prósperos e íntegros. Yo estoy entusiasmado por todas las personas que me encontraré el día de hoy.

Ejemplo de un comercial para incrementar felicidad

Yo _____, cada día y en todos los sentidos estoy mejor, mejor y mejor. Hoy es mi mejor día, me merezco lo mejor y lo acepto ahora mismo. En mi vida todo es prosperidad, Dios está conmigo ahora y me guía. Yo manifiesto constantemente el propósito de mi vida desde la luz de mi corazón, en mi mundo todo es perfecto y estoy a salvo. Hoy me siento feliz, todos los seres humanos son portadores de buenas noticias para mí.

Lo importante es que tengas en cuenta que la creatividad es infinita y te acostumbres a crear tus propios comerciales, de acuerdo con tus necesidades y evaluados no por lo bien que te quedaron, sino por los resultados que vas obteniendo. La eficacia de los comerciales es rápida, no necesitas esperar mucho para que sepas si funcionan o no, en nueve días ya habrás notado la diferencia en tus resultados.

Las tres etapas de la creación son:

- La primera etapa es la negación, en la cual pareciera que estás obteniendo exactamente lo contrario de lo que estás creando, fruto lógicamente de siembras y creaciones anteriores. Es como cuando limpias la casa y sacas toda la basura de los cuartos al pasillo, si alguien pasa y observa tal vez sus juicios sean que la casa está sucia, cuando en realidad nunca antes estuvo tan limpia. En esta etapa experimentas la prueba del conquistador, de la que hablamos en una entrevista anterior. Se confirma qué tanto crees posible conseguir lo que deseas, y es en la que la mayoría de las personas renuncian a sus sueños, por no tener el valor de ir más allá de las dificultades y aprender a confiar, a esperar.
- La segunda es la comprobación; es cuando las evidencias te invitan a tener confianza en que lo que estás haciendo es lo correcto, sientes que la energía está a tu favor y el sentimiento que todo sucederá en el momento correcto en el lugar adecuado.
- La tercera etapa es la certeza; es cuando consigues el fruto de lo que has estado creando, lo tienes en tus manos; algunos por ignorancia, relacionan esta etapa con la suerte, si observan detalladamente quienes tienen suerte han aplicado correctamente los principios de éxito.

– ¿Todo método creativo pasa por esas tres etapas, sean mapas mentales, comerciales, decretos, visualizaciones u otro?

– Sí, toda forma que utilices para crear pasa por esas tres etapas. A medida que adquieres maestría en el arte de crear, pasas por ellas más rápidamente.

– Hijo, nuestra próxima reunión será en quince días. – Me lo dijo como si me estuviese diciendo que nos volveríamos a ver en la tarde. Fue una sesión provechosa y había llegado al final. Aunque el señor Deeb ya no necesitaba decirme en palabras cuando tomaba la decisión de finalizar, yo lo comprendía inmediatamente, quise protestar ¿por qué tan lejos? No tuve el valor para hacerlo, sabía que el tiempo que me dedicaba era más del que le dedicaba a otras personas, lo que me llevaba a pensar que debía ser más agradecido... al ver que estaba emitiendo un juicio sobre mí mismo lo deseché. Por la ventana de su oficina se veía la escena de una pareja que había olvidado el mundo a su alrededor y se besaba apasionadamente, supuse que también se estaban despidiendo; sonreí por mis diálogos internos al recordar una frase que había escuchado hacía algún tiempo: uno no ve el mundo como es, sino como uno es–. Tienes mucha información para evaluar y discernir y, lo que es más importante, para poner en práctica. Me alegró verte, sé que tendrás una extraordinaria experiencia con todo este material. Que Dios te bendiga.

– Gracias, lo mismo para usted –respondí y salí de aquel lugar con la intención de poner todas mis ideas en orden. Me sentía muy radiante, lleno de luz, sin embargo el clima no estaba igual, el cielo estaba bastante oscuro pese a que sólo eran las cuatro de la tarde, el sonido de algunos truenos presagiaba una gran tormenta. Pensé que las complicaciones climáticas debían ser la prueba del conquistador, debía cumplir varios compromisos y no tenía carro, pero nada ni nadie podrían cambiar mi felicidad interior; aunque era una reflexión algo inusual me sentí contento de no juzgarme por ella.

Las reflexiones que siguieron esos quince días estaban diseñadas más que en cuestionar, en aprender e hilar paso a paso la ruta del éxito. Al analizar, recordaba todo el proceso:

- Saber exactamente lo que se quiere, que lo podamos establecer a través de nuestros cinco sentidos, dándole el contexto adecuado, cuándo, dónde, cómo y con quién, con una buena ecología, pensado y condicionado en el bien mayor y los más altos fines.
- Seleccionar la información que entra a través de mis cinco sentidos, para que me conduzca a la conquista de lo que deseo.
- Estar atento con mi antivirus interno, para que cada vez que llegue a alguno de mis sentidos una

información contraria, es decir que me aleje del resultado exitoso, cancelarla.

- Llenarme de información que me empodere, reconocer que las creencias son certezas que podemos alterar conscientemente y que existen unas que son verdaderas y otras falsas.

Eso sí es discernir, pensé con tanta fuerza y orgullo de estar en lo correcto, yo quería gritar esa afirmación a los cuatro vientos. Y después ¿qué seguirá? Durante esos quince días intenté crear el hábito de la lectura; descubrí que existe mucha literatura sobre las cuatro creencias fundamentales, me dolía que la gente se matara y existiese tantas peleas entre unos y otros por tener la razón, lo que me llevó a hacer un juramente interno: "De aquí en adelante nunca más quiero desear tener la razón, eso hace que existan vencidos y vencedores, la razón que la tenga otro, yo quiero tener los resultados" y me propuse hacer de este lema mi cayado y mi bandera. Sí, por los frutos los conoceréis, no quería que fueran mis palabras las que quisieran transformar el mundo, sino mi ejemplo, la clave me la estaba dando Dios a través de las enseñanzas del señor Deeb.

Como el hábito de la lectura no era mi fuerte, realmente no avancé mucho en la lectura del primer libro que elegí: *Ligero de equipaje*, del sacerdote jesuita Carlos Valles, donde narra las experiencias de un curso que había hecho con su compañero y guía espiritual el señor Anthony de Melo. Esta lectura era para mí una ruptura real de paradigmas. Gracias a las palabras del señor Deeb sobre la disciplina, me obligué a leer una hoja cada día; no era mucho, me estaba disciplinando y eso me hacía sentir un discípulo; pensé que si no lo hacía, iba a necesitar quién me disciplinara y entonces sería un simple seguidor.

Muchas cosas pasaron y aunque tenía nueva y buena información no siempre la apliqué. Pareciera como si dos personas dentro de mí entraran en conflicto; por un lado leía el libro de desarrollo humano, por otro no me perdía el noticiero del medio día en la televisión, aun sabiendo que me estaba llenando de información negativa. Escuchaba audios inspiradores de principios de éxito y a la vez escuchaba música llena de contenidos desequilibrantes. Aunque quería asociarme correctamente y me reunía con amigos para hablar de temas empoderantes, por otra parte compartí con algunos compañeros de trabajo, que tienen la costumbre de criticar todo y a todos ¡Qué incoherencia! –Pensé– Qué dirá el señor Deeb cuando se entere que no estoy poniendo en práctica el ciento por ciento de sus enseñanzas, mientras le exijo cada vez mejor y más detallada información. ¿De qué me servirá todo lo que estoy aprendiendo si no lo pongo en práctica? Era importante contarle todos estos conflictos al señor Deeb; me prometí sincerarme en la siguiente cita y dejarle saber lo que estaba pasando en mi cotidianidad. De esta manera podría aprovechar al máximo este regalo de la vida: estar siendo formado por una persona tan especial. Al sentirme honesto me sentía más digno y merecedor de esas enseñanzas.

CUARTA PARTE

"Espera lo mejor de cada instante de tu vida y de la gente con la que te encuentras y así será."

Cuando para amar es tarde

SOBRE NUESTROS DIÁLOGOS INTERNOS

Como siempre sucede, el tiempo de cumplir nuestros deseos llega; yo esperaba lleno de entusiasmo y felicidad esas reuniones con el señor Deeb, y deseaba que jamás se acabaran. Olvidaba dos principios: "Nada es permanente, todo es transitorio" y "Todas las cosas tienen su tiempo, y todo lo que hay bajo el cielo pasa en el término que se le ha prescrito" (Eclesiastés, 3).

Esa semana necesitaba ir más profundo, aprender mucho más, aprovechar al máximo cada segundo, mis sentidos deberían estar más agudos; a la vez, me sentía lleno de miedos y mis diálogos internos en lugar de incrementar felicidad estaban produciéndome ansiedad. Pensé que no debía emitir juicios, cuando el alumno está preparado el maestro aparece, todo es perfecto y lo que necesitara aprender quedaría grabado en mí. Sin embargo, debería llevar una grabadora para no perder ni una palabra y tanta sabiduría de este anciano que me había seleccionado como su discípulo.

— Bienvenido, hijo, ¿cómo has pasado estos días? Cuéntame qué conclusiones sacaste.

— Cada vez mejor, aunque me sentí muy ansioso — contesté sintiendo orgullo de mi respuesta—. Estuve analizando sus enseñanzas y aunque tuve presente la información, muchas veces no la pongo en práctica; el hombre que he sido se impone en algunas ocasiones sobre el nuevo hombre que deseo ser. Quiero vivir un estilo de vida más prospero, y aún veo noticias donde prevén un incremento de pobreza en el país, veo novelas donde los héroes o las heroínas son personas muy pobres y los ricos son malvados; películas de terror que generan emociones que me llenan de pánico, angustia, desesperanza; música con letras que me programan con límites, y no quiero que esos sean los resultados de mi vida, realmente me siento incoherente.

– Eso es lo que espiritualmente se denomina despertar; al principio vives una ignorancia inconsciente, luego pasas a una ignorancia consciente, después eres consciente de tu información y por último, vives en una sabiduría inconsciente. Todo esto se irá presentando poco a poco. Realmente, lo importante es lo que te digas a ti mismo, tus diálogos internos, o lo que los demás llaman actitud. Ten cuidado de no juzgarte, eso deteriora tu autoestima y autoimagen, ya hablaremos de ello. Celebra que estás entrando en la tercera etapa del conocimiento, obsérvate jamás te juzgues, encontrarás muchos voluntarios que deseen hacerlo por ti, que esperan la oportunidad propicia para juzgarte –y sonrió. ¡Su risa me pareció tan bella! Sentí que sonrió no con su rostro sino con su alma, estaba tan lleno de luz que me hubiese encantado grabar esa imagen en alguna filmadora, aunque no fue posible, quedó grabada para siempre en mí.

Esa experiencia la vivimos todos los seres humanos, la vida tan pronto nos da la posibilidad de aprender algo, inmediatamente nos genera experiencias para que podamos aplicar todos esos aprendizajes. No siempre se pone en práctica inmediatamente toda la información nueva que recibimos; en realidad, lo normal es que sigas cometiendo los mismos errores, se consciente de ellos. Con el transcurrir del tiempo vas cambiando poco a poco y todo a tu alrededor empieza a cambiar, tus amigos, tu economía, tu salud, la forma en que disfrutas y muchas cosas más. Esos cambios sucederán de manera automática y la velocidad es relativa a cada cual dependiendo de sus creencias; para alguien el cambio puede ser lento y sufrido, para otras personas puede suceder de súbito y sin sufrimiento; los límites de tiempo y dificultad también son autoimpuestos.

Si eligieras cambiarlo todo ya, a un ritmo diferente al que te exige tu intuición, sin vivir tu propio proceso; si te empeñaras en transformar tu vida y seleccionaras todo lo que quieres, la información y las creencias, muy posiblemente al cabo de un tiempo rechazarías los nuevos resultados y volverías al lugar donde empezaste. La masa crítica o aquello de lo que más existe a tu alrededor intentará atraerte una y otra vez hacia lo antiguo, hacia el hombre que eras.

Si no se viven los aprendizajes respetando los procesos individuales y permitiendo que el discernimiento les proteja, si sólo se aceptan las cosas porque sí, se crea el fanatismo y tanta violencia entre los seres humanos. La mayoría de las personas pelean porque quieren tener la razón en cuanto a la información que poseen, sin embargo la idea es pasar toda esa información al estadio de la experiencia y las discusiones desaparecen, nada está en tela de juicio, hablar desde las experiencias marca una gran diferencia. Política y religión son los dos temas que más separabilidad crean, lo mejor es comprender que la gente cree lo que cree y está convencida de ello, tú ya sabes que no quieres tener la razón, sólo los resultados. Cuando la masa crítica, o cantidad de personas necesaria para activar un nuevo paradigma, cree estar en lo correcto y alguien hace algo contrario, con lo que desvirtúa sus verdades, tratan de atraparlo para que continúe teniendo el pensamiento colectivo que prima en ellas; están honestamente equivocados, se puede ser honesto, y estar honestamente equivocado.

Perdonar es una palabra que mucha gente usa, sin embargo difícilmente perdonarás a otros si antes no te perdonas a ti por lo que según tus juicios fueron errores del pasado. A propósito, las fábulas contienen mucho de la sabiduría eterna; se les presenta a los niños que aprenden fácilmente, mientras que para el adulto es más difícil porque razona y el razonamiento le impide profundizar en la sabiduría; Jesús habló en parábolas para poder entregar un conocimiento; a través de los cuentos infantiles se nos da mucha información. Analicemos, el famoso cuento de Aladino, en el que existían Aladino, la cueva, una lámpara, un genio, una alfombra y tres deseos. Aladino es cada uno de nosotros; la cueva, nuestro cuerpo físico; la lámpara, nuestro corazón; el genio, la chispa divina, la parte de dios que habita en nuestro corazón; los tres deseos se refieren a los deseos espirituales, mentales y físicos; frotar la lámpara equivale a activar nuestra energía crística, lo que se hace a través de perdonarnos, perdonar a los demás y solicitar el perdón de los demás, y la paz que se siente al ver volar la alfombra, que llevará a Aladino adonde él desee nos invita a albergar los sentimientos correctos para lograr nuestra creación; sentimientos de fe, certeza, confianza, y el más importante: el perdón total por el daño que nos hicimos en pensamiento, palabra, obra u omisión, nos acordemos o no. También debemos solicitar el perdón a aquellas personas que dañamos y enviar nuestro perdón a quien nos hizo daño en estos niveles. Así suceden los milagros, esa es la importancia del perdón, poder dar rienda suelta a nuestro poder ilimitado. Cuando activamos conscientemente nuestra energía crística, conscientemente estamos eliminando nuestros límites.

Un estadio superior de conciencia te invitará a cambiar tu necesidad de perdonarte o perdonar a los demás por la de agradecerte y agradecer a los demás por todas las experiencias vividas, gracias a ellas eres la persona que hoy en día eres. La gente va por la vida resintiéndose y resintiendo a los demás, ignorando que esa es la razón principal de su escasez económica y que adicionalmente están creando enfermedades conocidas como incurables, como una forma de auto castigo.

Un silencio inusual se produjo en su oficina, creo que sus reflexiones eran mucho más profundas de lo que palabra alguna pudiera describir. Una especie de nostalgia y tristeza inundaron el ambiente, sin embargo sabía por experiencia que él tenía la capacidad de transformar en instantes cualquier sentimiento o emoción.

– Hablemos de nuestro siguiente paso en la ruta del éxito –dijo con tanta tranquilidad que apostaría que lo que sentí fue una equivocada percepción, que nunca existió.

– ¿Cuál es? –pregunté rápidamente para no pensar que estaba siendo imprudente al tratar de analizar a mi guía, a mi maestro.

– La actitud –contestó. Su respuesta fue seca y tajante.

Buena forma de no dejar que mi narrador de cuentos me robe energía –pensé–.

LA ACTITUD

*El modo como piensas cuando pierdes determina
cuánto tiempo tardarás en ganar.*
David J. Schwartz

La actitud es la forma como reaccionas ante las experiencias o situaciones; está condicionada por lo que te dices a ti mismo cada instante de tu vida, la determinan tus diálogos internos, y controla 85% de tus resultados, mientras que tu aptitud maneja 15%. Y si mal no estoy, la mayor cantidad de información que imparten en las universidades se enfoca en mejorar la aptitud; lo que sin duda es la causa que tanta gente fracase profesionalmente. Por eso es tan importante enderezar rápidamente la actitud, de nuevo no querer tener la razón, sólo enfocarte en resultados.

Quienes vivimos en la gracia ese porcentaje de 85% y 15% cambia, nosotros sabemos que la actitud lo es todo, determina el 100% de nuestros resultados. La actitud, o nuestros diálogos internos que es lo mismo, es la que nos hace tomar acción o quedarnos paralizados, por eso es tan importante decirnos cosas o recibir información que nos dirija inmediatamente a la acción. Tanto la información y los diálogos internos paralizan nos hacen obesos mentales, tenemos la solución a todos los problemas pero en nuestras vidas no pasa nada.

Ahora, devolviéndonos en los pasos de la ruta del éxito: si deseas cambiar tu actitud debes cambiar tus creencias; para cambiar tus creencias necesitas cambiar la información que tienes; para cambiar la información, necesitas seleccionar lo que entra a través de tus cinco sentidos y para que todo esto sea coherente, es importante saber exactamente lo que se quiere. La mejor actitud la obtienes cuando piensas, hablas, sientes y actúas como si lo que estás deseando ya fuera una realidad en tu vida.

– Sigo pensando que es una forma de engañarnos y alejarnos de la realidad de nuestro mundo– interrumpí su instrucción de modo bastante abrupto con este comentario con sabor a crítica.

– Autoengaño es si tratas de convencerte o intentas convencer a los demás de algo falso; si presumes y aparentas ante otros. Lo que te estoy diciendo es que se debe estar en una posición más receptiva para lograr pronto lo que se desea; esta actitud se refiere sólo a sí mismo y no a lo externo. Tú te convences a ti mismo que lo que deseas ya es una realidad, ese es el nivel más alto de fe, llamado certeza. Recuerda: fe en el futuro es fuerza en el presente. Además de las cuatro creencias fundamentales (creer en Dios, en ti, en los demás y en lo que haces), existen otras creencias que empoderan tu actitud:

- Todo sucede para tu bien. De cada experiencia puedes tomar uno o varios aprendizajes.
- Preocuparte es desconfiar que Dios está a cargo. No te preocupes, ocúpate; la preocupación es un interés por una deuda que no se tiene. El 95% de las cosas por las que te preocupas jamás ocurren, son monstruos que creas con tu mente.
- Con tus diálogos internos puedes hacer de un infierno un paraíso o de un paraíso un infierno.
- Nada es permanente, todo es transitorio, aun los momentos más difíciles y los más felices pasarán. Todo es prestado por Dios, los bienes, la familia, todo. En lugar de decir mi casa, mi auto, mi ropa, mi finca, mis padres, mi esposa, mis hijos, etc., es mejor que te des cuenta que la palabra "mi" genera autoengaño; todo es prestado por Dios, disfrútalo sin apegos y aprende a vivir al ciento por ciento cada instante de tu vida.
- Ante algún obstáculo que juzgues imposible de

resolver, repítete: Yo puedo, es muy fácil y lo voy a lograr.

- La mejor fórmula para tener una adecuada actitud es planteándote las preguntas correctas.
- Una adecuada postura física, mejorará notablemente tu actitud, ten la espalda recta por ejemplo.
- Enfocarnos en los problemas crea más problemas; sólo cuando pones tu atención en las soluciones, estas surgen de tu parte más sabia. Pon tu atención en las soluciones correctas con una actitud abierta y receptiva a las señales del universo.
- Disfruta cada segundo de tu vida como si fuera el único; la pregunta correcta sería ¿Qué debo hacer aquí y ahora para incrementar felicidad en mi vida? Sea cual sea la respuesta hazlo, sólo verifica que estés actuando para el bien mayor y los más altos fines.
- Reconoce que la vida vale la pena cuando se cumplen estas premisas: si se aprende; si se disfruta; si se sirve. Verifica que en cada segundo de tu existencia se esté cumpliendo al menos una de ellas, mucho mejor si son las tres simultáneamente.
- Claves que diferencian a una persona de éxito: la gente de éxito se enfoca en los resultados; los demás se enfocan en los procesos. La gente de éxito habla acerca del futuro y se concentra en vivir plenamente el presente. El presente es un regalo que te da Dios en cada nuevo momento; fracasa vive en el pasado y desperdicia el presente. La gente de éxito habla primero del pasado y luego del futuro, habla mucho más del futuro que del pasado. La gente de éxito aprende rápidamente de las experiencias negativas y se concentra en lo positivo, primero habla de lo negativo y luego de lo positivo. En palabras de a centavo, primero hablas de lo negativo, de los procesos y del pasado y luego enfocas toda tu atención en lo positivo, en los resultados exitosos y en el futuro.

Te enunciaré en una lista algunas cosas que te mantendrán con la actitud adecuada, la cual deberías repasar cada día, como hace un piloto con su lista de chequeo antes de iniciar un vuelo.

- Inicia tu día con una oración que salga desde tú corazón, haciendo de Dios tu socio y compañero de travesía.

- Bendice tus alimentos y deja en las manos de Dios cada nueva experiencia o evento del día.

- Al ducharte siente que además de agua y jabón tu cuerpo está siendo cubierto por una luz capaz de limpiar y proteger tu entorno.

- Vístete cada día con la mejor ropa que tengas, guardar para un día especial tus vestidos es suponer que hoy no será un día especial; luce con la expectativa que hoy será el mejor día de tu vida. Muchas personas no son conscientes que la forma como se preparan para recibir el día determinará en gran medida los resultados del mismo.

- Siempre siéntete merecedor de lo mejor; vive en primera clase, no te vendas barato, la vida te dará exactamente lo que tú le exijas.

- Modela las personas que tienen los resultados que tú deseas.

- Verifica que al mirar, de ti emanan aceptación, dulzura y, lo más importante, luz, tus ojos son el espejo de tu alma; aunque no hayas abierto tus labios, tu mirada puede transmitir agresividad o dulzura, aceptación o rechazo, paciencia o impaciencia.
- Cuando hables con una persona mírala a su ojo izquierdo. Esto trasmitirá al inconsciente de ella credibilidad y autoridad en lo que estás diciendo. Adicionalmente, mirar a cada persona a los ojos te ayudará poderosamente en la mejora de tu autoestima y de tu autoimagen.

- Saluda mentalmente, el Dios en mí saluda al Dios en ti; esta frase hará que la otra persona se sienta respetada, amada y reconocida.

- En el saludo, al dar tu mano demuestras tu actitud; un apretón de manos flojo demuestra debilidad de carácter, en cambio uno muy fuerte, demuestra una persona insegura y agresiva; por eso al dar tu mano hazlo con seguridad para que la otra persona sepa que está con alguien importante, y no tan fuerte como para que te considere agresivo.

- Acostúmbrate a llamar a las personas por su nombre, deja los apodos para los ignorantes. Al conocer a alguien toma el tiempo necesario para aprender y recordar su nombre, para cada uno su nombre es la palabra más dulce que puede escuchar. Cuando te llaman por tu nombre el mensaje inconsciente es que eres lo suficientemente importante.

- Sonríe, una persona que sonríe transmite alegría y el mensaje inconsciente que es portador de buenas noticias; al principio te sentirás sonriendo sólo con tu cara, luego con el corazón y posteriormente sentirás que tu sonrisa proviene de tu alma, festeja el simple hecho de existir. Excepto que tengas una razón de mucho peso para no hacerlo, sonríe.

- Camina de prisa, esto transmite el mensaje a los demás que tú sabes para dónde vas. Lo más preciado que tenemos se llama tiempo y toda persona de éxito se encarga que cada segundo de su vida cuente. Excepto que alguna circunstancia especial lo amerite, camina más rápido que el promedio de la gente.

- Nunca llegues tarde a una cita. Acostúmbrate a estar cinco minutos antes de lo acordado, al llegar tarde estás menospreciando el tiempo de la persona con la cual acordaste tu encuentro.

- Cuando estés en alguna reunión o evento, siéntate en la primera fila o lo más cerca que puedas al escenario. Estos puestos generalmente están reservados para algunas personalidades y tan pronto tú lo elijas, te convertirás en una de ellas. Actuar como si lo que deseas lo hubieras conseguido, vivir como si, pensar como si, hablar como si, te llevará rápidamente a la conquista de lo que deseas.

- Hablar fuerte y un poco más rápido que los demás también es señal de seguridad y adecuada autoimagen. No interrumpas a la otra persona cuando te esté hablando, escucha activamente, si es algo importante toma nota, asiente con la cabeza en señal de aprobación cuando estés de acuerdo con algo. Recuerda que lo importante no es tener la razón, sino enfocarte mejor en obtener los resultados; es inconveniente decirle a alguien que está equivocado. No critiques, ya habrá algún necio que lo haga.

- Cuando elogies a alguien, recuerda elogiar la acción concreta, no a la persona de lo contrario tu elogio sonará falso. O cuando nos corresponda corregir a alguien, debemos referirnos a la acción no a la persona.

- No te quejes; a muchas personas no les importan tus molestias, están tan ensimismados que ni te escuchan; otras quizás hasta se alegren de tus problemas. Más te conviene no quejarte; además como la energía se retroalimenta constantemente terminarás llenándote de negatividad.

- Una de las claves de la prosperidad es ser agradecidos. Agradece constantemente tanto en público como en privado a toda persona que hizo algo para merecer. Es conveniente que al irte a dormir, después de un día de labores y de vida, tus últimos pensamientos sean de agradecimiento: repasa tu día y encontrarás muchas cosas para agradecer: tu vida, el aire que respiras, la ropa que tienes, los alimentos, el lugar donde vives, tu familia, tus amigos, el transporte que utilizaste, todo lo material, espiritual y las bendiciones y aprendizajes de tus experiencias vividas. Un corazón agradecido te abrirá a una prosperidad ilimitada.

- Acostúmbrate a repasar tu día ideal; repasa con tu memoria e imaginación el día ya no tal como se vivió, sino como te gustaría que hubiese sucedido. Con la práctica, y en algunos casos, tu día vivido se asemejará mucho o será igual a tu día ideal.

- Cuando cumplas una cita o hables por teléfono, saluda e inicia informando tu nombre y luego sí pregunta por la persona que buscas. Esto denotará un sentido de importancia y autoestima adecuada, de tal modo que la persona que está recibiendo la información sentirá que está hablando con alguien importante.

- Al hablar con una persona, verifica que el tamaño que has creado mentalmente de ella sea igual al tuyo. Si estás frente a una persona que para ti representa autoridad y prestigio, antes de empezar a hablar con ella elévate mentalmente hasta que te veas de su mismo tamaño y si estás hablando con una persona que consideras de menor importancia o recursos que los tuyos, elévala mentalmente a tu nivel antes de empezar a comunicarte con ella. En el primer caso la persona percibirá tu seguridad y confianza; lo que le transmitas será más creíble; en el segundo caso, la persona se sentirá respetada y amada; tuviste la sabiduría de verle como alguien igual a ti, esta persona se esmerará en hacer cosas que sean para tu bien.

– Demasiada información –dije– y me disponía a complementar mi aseveración, pero él me interrumpió.

– Y sin tener la oportunidad de comprobarla te puede indigestar mentalmente; como cuando consumes mucho alimento puedes dañar tu cuerpo. Te recomiendo que busques a quien enseñar lo aprendido; enseñar es una de las maneras más eficaces de aprender, enseñamos mejor lo que más requerimos aprender.

– ¿Sin importar que sea sólo teoría lo que esté transmitiendo?

– Sí; algunos están en un nivel en el que la teoría los hace despertar. Mañana continuaremos.

Salí presuroso en busca de la persona que me permitiera realizar mi tarea. Fue bastante fácil compartir estas teorías con un compañero de la infancia, que realmente ponía poca atención. Me sorprendí al hablar con tanta propiedad de estos temas, pensé que mucha gente vive enseñando cosas que jamás pone en práctica; noté que me servía como conejillo de indias para entender mejor toda esta información. Madrugué a la cita con el señor Deeb. Esta vez nadie me esperaba; una hora después llegó su secretaria y media hora más comenzó mi clase.

– ¿Dónde está aquello de respetar el tiempo de los demás? Fue la pregunta con la que elegí iniciar nuestro encuentro.

– ¿Y dónde está aquello de escuchar de manera receptiva? –contestó–. Te fuiste sin que concretáramos la hora y presumes que los demás deben decirse lo que te dices a ti mismo. Saliste tan ensimismado que olvidaste concretar la hora de la cita. Ahora aprovechemos el tiempo, cada vez será menor el que podamos compartir.

– ¡Oh, eso suena tan triste! –me recriminé por mi actitud inicial y proseguí a tomar nota de sus enseñanzas.

– Hoy hablaremos de dos temas importantísimos para tener una adecuada actitud: autoestima y autoimagen. Te lo ilustraré con algunas imágenes.

AUTOESTIMA Y AUTOIMAGEN

Los humanos y por ignorancia nos vemos los unos a los otros como lo reflejan las figuras anteriores: a unos más grandes y a otros más pequeños; no en el sentido de la estatura física, sino internamente, en nuestros diálogos internos.

Baja autoestima disfrazada de humildad

En la anterior imagen tú te ves internamente más pequeño que la otra persona, generalmente fruto de una baja autoimagen y autoestima. Para que lo que digas sea creíble y te sientas respetado, antes de hablar necesitas igualar tu autoimagen con la de tu interlocutor; un error común es querer bajar a la otra persona al tamaño de tu autoimagen, en ese caso tu interlocutor se sentirá irrespetado.

Cuando consigas igualar tu imagen con la de tu interlocutor trasmitirás confianza y seguridad en la información que estés proporcionando o en la relación que se esté llevando a cabo.

Baja autoestima disfrazada de soberbia

Si la situación que estás viviendo es al contrario, como lo representa la figura anterior, y tú te ves más grande que las otras personas, fruto de tu ego y desconociendo el principio divino que todos los seres humanos somos en esencia iguales, creados a imagen y semejanza de Dios, tu interlocutor se sentirá humillado y no podrá expresarse con todo su potencial.

Lo que debes hacer en este caso es elevarlo mentalmente a tu tamaño y de esta manera él se sentirá respetado y amado. La información fluirá correctamente en ambas vías y el diálogo o relación se dará fácil. Jamás disminuyas tu autoimagen para igualarla con la otra persona, una parte tuya se sentirá irrespetada y menospreciada.

Correcta autoestima, adecuada humildad

La forma adecuada de comunicarnos con los demás es como lo representa la figura anterior; jamás veas a alguien más grande o más pequeño que tú, confirma siempre que te has elevado o estás elevando a los demás. Cuando tú logras elevarte y elevar a las personas que te rodean, la información fluye más fácil en doble vía, tu autoestima y autoimagen son las correctas, tendrás confianza y estarán en un ambiente de respeto y amor. Mantenlo siempre que te relaciones con alguien. Ten la capacidad de estar al mismo nivel en toda circunstancia para que tus relaciones sean las adecuadas y puedas disfrutar de ellas, sintiéndote a gusto, feliz de compartir con personas que al mismo tiempo te proporcionarán información que tú, en algún momento, puedas necesitar.

Toda persona con la que te encuentras siente tus pensamientos, asegúrate de pensar lo correcto de la gente; antes de hablar con alguien convéncete que estás frente a la persona más importante del planeta, realmente lo es. Todos gustan de sentirse importantes y valorados y cuando reconoces en alguien que te está tratando de esa manera, de inmediato quieres lo mejor para ella.

La autoestima está directamente relacionada con el merecimiento, el amor propio, y es la forma que tú tienes de establecer con el mundo aquello que te mereces; primero mejoras tu autoestima y luego mejorarán tus resultados. La autoimagen, hermana gemela de la autoestima, manifiesta tu proximidad en la conquista de tus sueños. Tu autoestima te puede hacer sentir que mereces poseer determinado auto o casa, o lograr la conquista de tus metas; tu autoimagen entra en acción cuando vas a ver y manejar el automóvil de tus sueños o vas a visitar y a tomarte fotos en la casa que tanto has soñado, cuando te puedes ver, oír y sentir en posesión de lo que deseas como si ya fuese un hecho, más allá de las circunstancias temporales o límites de tiempo o dinero. Existen personas con una autoestima alta pero con una pésima autoimagen, esto significa que se sienten merecedoras, su auto saboteo les impide tomar algún tipo de acción concreta tanto física como mental para la adquisición de sus sueños. La mayoría de las personas no consiguen lo que se proponen porque se sienten incapaces o indignos, y que no merecedores de sus sueños o metas.

La autoestima y la autoimagen son importantes para el éxito, puesto que como tú te sientes es como te ven y te sienten los demás. La credibilidad de la información que estás trasmitiendo depende de tu autoestima y autoimagen, y éstas dependen de tu seguridad y de cómo ves a la persona con quien te relacionas. Debes tener claro que jamás atraerás nada a tu vida por encima de tu autoestima y autoimagen; requieres trabajar continuamente en incrementar estas dos cualidades, la forma de lograrlo es sencilla: selecciona información que te haga sentir un ser único y especial, lee libros de autoayuda y escucha audios que te ayuden a creer en Dios, en ti, en los demás y en lo que haces.

La mayoría de las personas tiene muchos deseos, e incluso a veces manejan una adecuada formulación de los mismos, podrían describírtelos con gran detalle a través de sus cincos sentidos, te dirían cómo se ve, cómo se escucha, a qué huele, a qué sabe y cuál es la textura de lo que desean, sabrían decirte, cuándo, dónde y con quién; sin embargo, ven pasar los días con desconsuelo y no entienden por qué sus deseos no se han materializado pronta y fácilmente. La razón: muchas veces por ignorancia vemos personas más grandes y más pequeñas que nosotros, lo mismo nos sucede con nuestros objetivos; desear un carro, una casa, una finca y aunque saben exactamente lo que están deseando, en sus diálogos internos ven ese sueño mucho más grande que ellos, con lo cual lo único que obtienen es repelerlo de manera inconsciente, y después no entienden por qué no logran satisfacer sus deseos.

El adecuado paso hacia la materialización de nuestros sueños es observar nuestro tamaño interno, frente a la meta deseada y hacer la configuración adecuada o el re encuadre justo.

– ¿Cómo se conseguiría esto?

– Supongamos que quieres un automóvil último modelo y de la mejor marca, aunque sabes el color, el tamaño, el olor, cuándo, dónde y con quién te gustaría lograr ese sueño, sin embargo tu autoimagen es inferior a tu deseo, por ello cada vez que te visualizas en posesión del carro, lo ves como algo demasiado lejano e inalcanzable. Necesitas adecuar tu autoimagen para que lo veas de tu mismo tamaño, algunas veces cuando se trata de sueños físicos, ves tus deseos ya no más grandes o más pequeños que tú sino más lejos o cerca, generalmente cuando tu autoimagen es inferior a tu sueño, lo ves lejano, opaco y frío. Una adecuada estrategia sería acercarlo a ti, a la distancia que internamente sientas es la que generalmente tienes cuando ya posees algo, colócale la luz suficiente, la temperatura adecuada, y en general aquello que te haga sentir en posesión y con un sentimiento de felicidad, con la certeza que eso está llegando a tu vida. Es importante cambiar tus programas mentales y aprender a sentirte merecedor de todo lo que deseas tal cual eres, sin asociar la conquista de esas metas con el hecho de necesitar cambiar algo, en determinada área de tu vida.

Sólo tú puedes elegir qué pensar y cómo sentirte ante determinada situación. Elige sabiamente para que tus diálogos internos sean los adecuados y viva permanentemente empoderada, consciente que aunque experimentes muchas situaciones que tal vez no sean de tu agrado, son importantes para tu aprendizaje y evolución; por lo tanto, colocarlas en el contexto adecuado te ayuda a superar más rápidamente cada experiencia.

Sobre la empatía

Existen personas agradables o divertidas, se les llama simpáticas; otras tienen la capacidad de caer mal, inspirar rechazo y generalmente son agresivas o viven de mal genio, se les llaman antipáticas. Un tercer grupo de personas tienen la habilidad de ver a Dios en cada persona y relacionarse con los demás como consigo mismo, se les denomina empáticas.

La mejor definición de las personas capaces de generar empatía es: seres humanos sabios, con una adecuada autoestima y autoimagen, que tienen la capacidad de pasar inadvertidos. Sintiéndose y haciendo sentir a los demás como seres humanos iguales a ellos, buscan eliminar las diferencias y se complacen en las similitudes. Recordando la frase de un reconocido diseñador francés: "elegancia es pasar inadvertido, pero cuando se advierte, será inolvidable". El hecho de querer ser simpático es reconocido por el inconsciente como alguien cuyos mensajes son falsos, por ende se convierte en persona antipática.

– ¿Cómo generar empatía?

– La habilidad de generar empatía es esencial para lograr una adecuada comunicación. La empatía se puede generar con comunicación verbal, palabras, y no-verbal, gestos. Muchas veces no es necesario hacer nada, ocurre espontánea y naturalmente. Cuando no ocurre, tú requieres establecer un buen lazo comunicativo, es importante poder generar ese clima de empatía; este clima se puede establecer por estar de acuerdo sobre algún asunto, tener algo en común o mediante el acompañamiento de factores verbales y no-verbales de la comunicación y experiencia. A continuación te comento algunas señales verbales y no–verbales al inconsciente:

- Hablar en el canal o secuencia sensorial del interlocutor, esto significa que si la persona está utilizando palabras visuales (veo, brillante, oscuro, colorido, panorama) o auditivas (escucho, ritmo, repita, escúchame, eco, silencio, murmullo) o cinéticas (áspero, dulce, duro, blando, repelo, siento), utilizas ese mismo canal de comunicación.
- Aproximar o igualar el ritmo, tono y volumen de la voz; si la persona habla rápido, lo mismo haces tú; si habla fuerte, igual lo haces tú, o viceversa, teniendo en cuenta que si la persona se siente imitada, se producirá lo contrario a la empatía, o sea, rechazo; por lo tanto, debes tener mucho cuidado y aprender a dominar bien estas técnicas.
- Utilizar de vez en cuando las muletillas del interlocutor. Es común que las personas, dependiendo la región donde vivan, utilicen unas palabras para ellas comunes, aunque para otros no, por ejemplo chévere, chamo, camarada, hermano, entre tantas otras.
- Ajustar tu cuerpo para que encaje o asemeje la posición del interlocutor, tener una postura parecida a la de la persona con la que hablas genera en ella confianza.
- Usar gestos iguales o parecidos a los de la otra persona (expresiones faciales también).

Por otra parte, algunas veces vas a necesitar generar anti empatía, para no crear empatía sobre cosas o experiencias que no deseas. Si no deseas celebrar una situación y todos ríen, tal vez sea importante ponerte serio. Si por una circunstancia especial, o por actividades laborales o caritativas, vas a un centro penitenciario o cárcel, necesitas crear anti empatía ante el hecho de entrar allí. Una forma de hacerlo es estando en ese mundo sin pertenecer a él, enfocando en el servicio que prestas y la solución que estás ofreciendo al problema, sintiendo rechazo por la forma en que se habita.

Conviértete en un observador de los resultados que atraes a tu vida; para lograrlo, una adecuada pregunta que puedes formularte es: ¿A qué o a quiénes me estoy volviendo atractivo? Y genera empatía con lo que te guste y, anti empatía con lo que quieras eliminar de tu existencia.

Cuando observas, como lo hace un detective, lo que estás atrayendo a tu vida, puedes hacerte responsable de ello. Existen dos tipos de personas: quienes viven en el mundo sintiéndose víctimas del destino -lo que podríamos llamar la ilusión-, y las que reconocen que son los creadores de sus circunstancias y entran en ellas para cambiar los resultados. Las primeras creen en la suerte, que es el encuentro entre la oportunidad y la preparación, al ignorarlo sus vidas carecen del poder que todos llevamos dentro. Imagínate querer cambiar una película yendo hacia el telón, parece absurdo...allí no se producen los cambios; si deseas cambiar la película de tu vida, cambia las grabaciones que están creando esos argumentos. Las segundas se reconocen a sí mismas como creadores absolutos de sus resultados, saben que el universo las apoya incondicionalmente en aquello que deseen creer y crear. No se dejan abatir por las circunstancias, cuando no les gustan algunos de sus resultados, van dentro de ellas para elegir un nuevo argumento, crean su realidad de mundo a través de imágenes mentales, visualizando el resultado exitoso y a través de sus palabras, tomando conciencia de todos sus decretos. Saben que sus resultados son producto de lo que han hecho o dejado de hacer.

La mejor fórmula para descubrir lo que estás creando consciente o inconscientemente es examinando lo que atraes a tu vida. Nada es por azar ni por casualidad, todo obedece a una ley de causa y efecto, todo es por causalidad. Observa, sin hacer juicios, lo que atraes constantemente a tu vida: algunos atraen personas que les humillan, otros que les ensalzan; unos atraen salud, otras, enfermedad y accidentes; unos atraen riqueza; otros, pobreza y deudas; otros atraen amor, realización y felicidad; otros, soledad, tristeza y rechazo. Independientemente de lo que atraigas, tan pronto te des cuenta de ello, observa si te gusta o no lo que llega a tu vida; en caso negativo, es importante que te reprogrames para atraer nuevos resultados.

– ¿Y la forma de hacerlo es la misma de la ruta del éxito? –pregunté sabía que mi pregunta me sacaba de la cátedra magistral más importante en que he estado en mi vida, enseñanzas tan simples y a la vez tan poderosas, que ponerlas en práctica se convertía en algo urgente e importante para mí.

– Exactamente igual; si quieres cambiar lo que atraes a tu vida, cambia tus diálogos internos. Para ello, cambia tus creencias, se cambian con nueva información y esto lo haces controlando lo que entra a través de tus cinco sentidos.

– Suena muy fácil. ¡Quién piensa que la información que recibimos tiene tanto impacto en nuestras vidas!

– Llegó la hora en que la humanidad tome conciencia de sus programas mentales, de lo impactante que es lo que entra a través de sus cinco sentidos.

– He oído que la primera ley del espíritu es la aceptación, ¿al generar anti empatía estoy violentando ese principio?

– No. Son diferentes los conceptos de reprogramarse y aceptar: Aceptar que las circunstancias que atraes a tu vida las creaste tú y reconocer que debes cambiar muchas de las formas que utilizaste para obtenerlas, de lo contrario continuarás vivenciando lo mismo. Genérale anti empatía a lo que no quieras continuar creando o atrayendo a tu realidad; la manera adecuada de hacerlo es creando nuevos pensamientos que te enfoquen en el estilo de vida que deseas, evitando recurrir a pensar en lo que deseas abandonar. Si deseas alejarte de una persona que por algún motivo te causa sufrimiento, prescinde de todo tipo de información que te relacione con ella; en lugar de concentrarte en evitar pensar en ella, debes pensar en otras personas que generen alegría en tu vida.

— ¡Qué poder el que tiene en nuestras vidas la actitud! Trabajarla nos hace renunciar a la necesidad de tener la razón. ¿Por qué algunas veces ese procedimiento de manejar la actitud conscientemente para direccionar los resultados me suena un poco plástico, como si tuviésemos que fingir ser otros? En algunos casos me sentiría incluso algo deshonesto, sonriendo sin motivos. Pienso que cambiarle el contexto a nuestras experiencias es simplemente no valorar lo que realmente sentimos.

— Ya te lo he repetido varias veces a lo largo de estas entrevistas, nuestra misión es aprender, crecer y cambiar. Uno de los más grandes dilemas que se tiene cuando se desea ingresar en el camino de la excelencia es tener la razón o los resultados y tarde o temprano te darás cuenta que la única opción valedera es elegir los resultados, y dejar el querer tener la razón. ¡Qué diferencia si se tomara en cuenta las experiencias de todos aquellos grandes hombres que han pasado por este planeta, como Buda, Confucio, Platón, Jesús el Cristo, Mahoma, Shakespeare, Gandhi, la madre Teresa de Calcuta, el Papa Juan Pablo II y muchos más! Todos nos dejaron grandes enseñanzas, entre ellas la de no tomarnos tan a pecho nada, la de ceder en las pequeñas cosas, ya ellos se sabían pasajeros y su tiempo en este planeta acabó, como también pasará para ti y para mí; verifica que las pequeñas cosas no entorpezcan la conquista, los mandatos y los deseos auténticos de tu corazón.

Una forma de valorar tu existencia es elegir conscientemente cómo sentirte ante las experiencias que vivas; esto significa que al darte cuenta que la vida es corta, te enfocarás en disfrutar tus circunstancias, reconociendo que todo lo que te sucede es para tu aprendizaje. Nunca es suficiente el trabajo que hagas para mejorar tu actitud; cuanto más trabajes en ella, observarás más dominio sobre ti mismo, estás emprendiendo la única conquista importante, tu propia conquista.

Sobre el comportamiento

Ahora analicemos el comportamiento, el cual es una consecuencia de la actitud.

– El comportamiento –pensé en voz alta como si este concepto no necesitara mucha explicación, sin embargo conecté con una pregunta que me permitiera aprender algo nuevo– ¿En qué consiste? –Luego me quedé reflexionando si esa realmente fue una pregunta que condujera a una respuesta empoderante.

– Es la forma como actúas ante las circunstancias.

– ¿Cuál es la diferencia entre actitud, diálogos internos y comportamiento?

– El comportamiento es la conclusión o el resultado de ellos. Diálogos internos adecuados generan una excelente actitud y estos dos te invitan a tener el comportamiento correcto. Cuando tus diálogos internos gobiernan cómo sentirte o comportarte en una determinada situación, eres el dueño de tu destino y eliges conscientemente tu comportamiento. Ésta es característica de las personas con carácter y dueñas de sí mismas, su enfoque está orientado a obtener los resultados deseados. Por el contrario, cuando las situaciones externas gobiernan tus diálogos internos, determinándote cómo sentirte, eres víctima de las circunstancias, como una marioneta, movido por lo externo. La mayoría de la gente opta por esta segunda alternativa, generalmente lo que desean es tener la razón.

— Por favor, ilústreme con un ejemplo.

— Supongamos que vas a hacer ejercicio y la mañana está un poco lluviosa y fría, tienes dos opciones: en la primera tu diálogo interno te dice que vayas inmediatamente a hacer deporte y tu cuerpo acompaña esa decisión, estás viviendo de adentro hacia fuera, de acuerdo con tu voluntad. En la segunda, observas el día y eliges no cumplir tu deseo interno, sino que te ocupas en alguna otra tarea, con la disculpa que el día no apoya tu deseo. De este modo lo externo te maneja y siempre encontrarás excusas para no conseguir lo que quieres.

La clave es ganar en tus fantasías, todo proceso de creación humana empieza con una fantasía, algo que se juzga no es cierto, es irreal, ilusión. Y tú ganas en tus fantasías, cuando eliges conscientemente lo que para ti es posible o no, más allá de las apariencias externas. Aunque suene ilógico, la mayoría de las personas renuncia a sus sueños, porque pierden en sus fantasías; antes de empezar un proyecto o acción se dicen a sí mismas que fracasarán, esto las hace perdedoras. Ante la opción de creer o no creer, de sentir que se puede triunfar o fracasar, que se puede o no hacer algo, tú tienes el poder de elegir ganar o perder en tus fantasías, ninguna de las dos son reales, sin embargo te deja en mejor posición, lleno de energía, con entusiasmo y optimismo, pensar que es imposible fracasar, esto es ganar en las fantasías, es como llegar del futuro a crear el presente con la certeza del triunfo.

Muchas personas que trabajan arduamente jamás saben por qué no obtienen los resultados que desean; si fueran juiciosos en el análisis podrían darse cuenta que la falla está en su comportamiento, el cual inconscientemente repele lo que tanto desean.

— ¿Cómo podríamos mejorar nuestro comportamiento?

— La palabra clave es entusiasmo, que viene de *enteus* o

vivir en Dios, es la energía que hace que la gente quiera seguirte, también es sinónimo de buenas noticias. Toda persona con entusiasmo está alegre, comprometida, determinada, y se percibe como alguien que sabe para dónde va. La gente gusta de las personas entusiasmadas.

– ¿Qué técnicas existen para incrementar nuestro entusiasmo?

– Muchas. Entre las más efectivas se encuentran tener grandes sueños, saber exactamente qué se quiere de la vida; aceptar lo que te sucede, sabiendo que puedes cambiar el futuro con lo que hagas aquí y ahora. Comienza a practicar esta sencilla y efectiva técnica: en un cuaderno de notas escribe tus sueños y experiencias positivas que te sucedan, como un gran diario de buenas noticias; narra con el máximo detalle los aspectos que involucren ese sentimiento y reléelo cuando necesites auto motivación o incrementar tu entusiasmo; cómo ignorar nos des entusiasma, recordar y conocer producen entusiasmo. Si quieres entusiasmarte con visitar otro país, averigua la mayor cantidad de información y al poco tiempo estarás entusiasmado acerca de él. El desconocimiento sobre determinado negocio te produce desinterés, adquirir información sobre el mismo te entusiasma. Es como si a través de la información les diéramos vida a las cosas, mientras que al carecer de ella las aniquiláramos dentro de nosotros, ignorando su existencia. Lo mismo que entusiasmarte sobre una persona, conócela al máximo; si es sobre un tema, infórmate lo más que puedas.

A mayor información, más entusiasmo; a menor información, menos interés, tú eliges qué comportamiento adquirir en cada momento de tu vida. El camino para lograr que tu comportamiento sea el que deseas es trabajando en el Ser, lo que te llevará principalmente a reaccionar inconscientemente de la forma más efectiva, además de descubrirte como un ser ilimitado; limitado sólo por ti mismo, por tus creencias, por tu información y por el conocimiento que ingresa a través de tus cinco sentidos.

Te contaré una historia. Una vez un discípulo fue donde

su maestro, el gran sabio del pueblo, con la intención de descubrir la clave de la prosperidad, para lo cual le solicitó toda la información que tuviese sobre la abundancia y prosperidad. El maestro sin dudarlo le entregó libros no precisamente sobre ese tema sino sobre sabiduría y le invitó a que los leyera y volviera al año siguiente. Al siguiente año, el discípulo llegó muy orgulloso y le contó que había leído todo ese material y que por favor, ahora sí le diera libros sobre prosperidad; acto seguido el maestro le entregó más libros de sabiduría y le recomendó que los leyera y regresara el siguiente año. Esto continuó un par de años más, hasta que un día el discípulo se interesó tanto por la sabiduría que olvidó su deseo inicial de leer sobre prosperidad y al llegar donde su maestro, le pidió más información sobre la sabiduría, a lo cual el maestro le entregó todos los libros que poseía con las claves sagradas de la prosperidad.

– ¡Qué linda historia! Lo que estoy entendiendo es que la verdadera prosperidad llega por trabajar en el ser, en saber ser.

– Sí; el camino en la prosperidad y la conquista de nuestros sueños o logros, como quieras llamarlos, es a través del trabajo en el ser; más importante que lograr un objetivo es la persona en la que nos convertimos en la conquista de ese sueño. Una fórmula bastante efectiva para trabajar en el ser es pedirle a Dios que te ilumine para convertirte en una persona segura, amorosa, creativa, humilde, sabia, feliz, bondadosa, perseverante, constante, determinada, honesta, disciplinada, paciente, responsable, caritativa, entusiasta, optimista y demás cualidades del SER. Esto es, buscar el reino de Dios y el resto se nos dará por añadidura. Recuerda la frase: "Pedid y se os dará". El camino más corto entre dónde estás y la realización de tus más profundos sueños es trabajar en todas esas cualidades, y ya sabes que para lograrlo debes llenarte de la información necesaria sobre ellas. Al poner tu enfoque en cada una de estas características empezarás a impregnarte de esa información y energía, hasta que un día te das cuenta que son parte de tu ser.

Por otra parte, pareciera que vienes a este planeta a transformarte, a superar la esclavitud en la que te encuentras, o lo condicionado que vives a los siete pecados capitales; tu tarea es llevarlos uno a uno hacia una cualidad o virtud cardinal.

7 pecados capitales	7 virtudes cardinales
Soberbia	Humildad
Avaricia	Largueza
Lujuria	Castidad
Ira	Paciencia
Pereza	Diligencia
Envidia	Caridad
Gula	Templanza

Caminar desde el pecado capital hacia la virtud cardinal es un verdadero propósito de vida, te llena de sentido de conquista interior y te produce una realización verdadera, un éxito pleno y permanente, dejándote en excelente posición para lograr lo que quieras. La sabiduría de la vida te invita a saber ser para poder saber hacer, para lograr saber tener. Cuando trabajas constantemente en el Ser, tu hacer es coherente y eficaz, logrando así, que el tener lo que quieres sea ilimitado; todos tus sueños se hacen realidad cuando vives trabajando en el ser. El problema radica en que la mayoría de las personas aplica esta ruta al revés: primero desean tener cosas, e ignoran que nada de eso se llevarán cuando se vayan de este plano; luego, sí desean hacer cosas para poder ser. Es un gran error desear tener carros y casas de lujo para hacer lo que les venga en gana y así ser el señor o la señora tal.

— Eso es lo común que hace la mayoría de la humanidad.

— Sí, y lo común es que viva no como le gustaría, sino

como puede, que sus sueños se conviertan en fantasías irrealizables por tomar el camino equivocado; si estás en Centroamérica y vas al sur llegas a Argentina, si vas al norte a Canadá; la ruta correcta te lleva al objetivo deseado. Ya sabes que la clave está en seguir la ruta del éxito paso a paso, saber lo que se quiere y controlar la información que recibes, lo cual sin duda alguna te llevará a tener el comportamiento adecuado. Tú puedes aprender tanto de tus experiencias personales como de las experiencias de los demás; lo cual acelera el aprendizaje, por eso está de moda el arte de modelar. Primero determinas exactamente lo que quieres, luego quién posee ya ese resultado, después la estrategia correcta que lo llevó al logro de ese resultado y, por último, empiezas a modelar dicha estrategia. Ahora, si lo que buscas es ir más allá de la piel y llegar al corazón de las cosas, podrías preguntarle al modelo que seleccionaste con qué tipo de información nutre su mente; en la medida que tú te alimentes de esa misma información, la consecución de esos resultados se logrará más rápidamente.

– ¿Con eso quiere decir que más que modelar las creencias y actitudes de alguna persona, lo que me conviene es saber con qué tipo de información nutre su mente y empezar a alimentar la mía con información del mismo tipo, tarde o temprano mis creencias y actitudes serán semejantes?

– Exactamente. La gente quiere aprender a conseguir los resultados obtenidos por otras personas, sin embargo no lo consigue porque intenta modelar la consecuencia y no la causa. Sé que es lo suficientemente claro para ti que la materia prima con la que realizamos nuestros sueños está en la información que recibimos a través de los cinco sentidos.

– ¿Existe un tipo de información más poderosa que otra?

– Sí. Hay una información que crea pensamientos conocidos con el nombre de pensamientos rectores, que te mencioné en una entrevista anterior. Estos pensamientos o creencias tienen un impacto mayor en tus resultados y todos los demás se subordinan a ellos. Cuando intentas hacer algo que va en contravía de un pensamiento rector, surge dentro de ti el autosaboteo. Te lo explico más claro: si, por un lado, deseas iniciar una empresa donde se van a crear productos que tú sabes que dañarán el medio ambiente y, por otro lado, tienes un pensamiento rector que te exige cuidar la naturaleza, aunque la empresa se vea exitosa buscarás la forma de quebrar inconscientemente. Si tu pensamiento rector es para ganarte el derecho de ir al cielo, y es necesario ser pobre, cuando llegue la prosperidad a tu vida, la ahuyentarás.

Existen tres tipos de pensamientos rectores:

1. Mentira personal, que se crea en la concepción y la gestación.
2. Creencias sobre Dios o formación religiosa.
3. Creencias generalizadas de lo que es cierto o no, emitidas por personas que representan para nosotros poder, autoridad o sabiduría.

Siempre que uno hace algo contrario al pensamiento rector se sabotea y se autocastiga. El pensamiento rector hace que los demás pensamientos se subordinen a sus órdenes. Mucha gente no sabe cuáles son sus propios pensamientos rectores, y esto los hace poco efectivos en el día a día, si algo que intentan hacer va en contravía de ellos, jamás conseguirán sus objetivos, sucederá algo antes para desviarlos de la conquista de sus metas. Si deseas conquistar tus sueños e hiciste lo necesario, pero no lo consigues, evalúate a ti mismo, tal vez debas cambiar algún pensamiento rector que está desviándote de tu objetivo. No todos los pensamientos rectores son negativos. Por el contrario, son los encargados de mantenerte a salvo con una vida plena y feliz en todos los niveles: espiritual, mental y material. Sucede que algunas veces hemos elegido inconscientemente un virus como pensamiento rector. Algunos virus que hacen las veces de pensamientos rectores son: "no valgo, no sirvo, no soy deseado, soy rechazado, soy indigno, no soy amado, no merezco, no puedo, soy incapaz, soy un engaño, soy malo". Tener estas creencias como pensamientos rectores es un grave problema, y bloquean la fácil conquista de tus sueños.

– ¿En qué momento recibimos esa información tan negativa y por qué nos influye tanto?

– Los pensamientos rectores conocidos como mentira personal o limitante mayor son conclusiones inconscientes de experiencias vividas cuando fuimos concebidos, mientras estábamos en el vientre materno y en la experiencia del parto al nacer. Lo que nuestros padres sentían o pensaban quedó grabado en nuestras células, es la memoria celular; todo ello lo aceptamos como premisas ciertas, precisamente porque aún no podíamos discernir.

– ¿Cómo llegan a ser diferentes los pensamientos rectores en cada persona?

– Supongamos que tus padres no querían tener hijos y por un descuido fuiste concebido; el pensamiento rector negativo es "no soy deseado" y vivirás muchas experiencias donde serás rechazado, o podrías concluir que no eres amado o que eres indigno. Si deseaban un hombre y nació una mujer, la niña podría concluir que es un engaño o que no merece las cosas buenas o simplemente que es una decepción. Estos son algunos ejemplos, no significa que sean exactos, lo importante es encontrar los virus que condicionan tus resultados presentes. Pensamientos rectores positivos es pensar que Dios está a cargo de todo, que todo sucede para nuestro bien, que nos merecemos lo mejor.

En la escala de valores que tiene cada persona, el valor más importante se convierte en el pensamiento rector que subordina a los demás. Una excelente noticia es saber que tienes la potestad de elegir y cambiar a tu antojo tus pensamientos rectores, sólo necesitas identificarlos y verificar si funcionan o no, y si la respuesta es negativa, cambiarlos. Ser un observador te ayudará a identificarlos; vigila constantemente todo lo que atraes a tu existencia, allí encontrarás la clave para cambiar un resultado, muchas veces necesitarás enfocarte en descubrir y transformar tus pensamientos rectores, en otras palabras tus paradigmas mayores. Cuando aquellos que consiguen su prosperidad a costa de dañar a los demás y rápidamente la gastan o lo desperdician, sin saberlo están ejerciendo un pensamiento rector positivo: el dinero debe ser bien habido.

– ¿Existe alguna escala de valores donde yo pueda verificar cuál creencia está subordinando a las otras?

– La escala de subordinación de la información es la siguiente: la información con la que te nutres espiritualmente condiciona aquella con la que te nutres mentalmente; esta información mental, a su vez, condiciona tu parte física; todas estas informaciones condicionan tus relaciones, tu nivel laboral, tu situación económica, tu cuerpo físico, tu relación espiritual, tus aprendizajes y la forma como elijas recrearte.

– ¿En pocas palabras, significa que la información espiritual es la primordial?

– Es quizá mucho más poderosa de lo que puedas entender en este momento. Si las personas fueran conscientes de lo delicada que es la información espiritual que reciben y el impacto que tiene en sus vidas, elegirían a quién y qué escuchar o leer. La mayoría de los líderes religiosos educan a sus fieles a través del temor, del Dios castigador y de la manipulación, dándoles a las lecturas sagradas la interpretación que más les conviene, utilizando la ignorancia individual o colectiva, haciéndoles sentir culpables e indignos para disfrutar la vida que merecemos por el simple hecho de existir, y olvidando una premisa básica: hemos sido creados a imagen y semejanza de Dios. Un verdadero guía espiritual tiene como propósito lograr que sus fieles comprendan que hagan lo que hagan es imposible separarse de Dios y que Él en su infinita sabiduría creó el universo y unas leyes perfectas e inmutables para que todo marche en perfección; leyes que nos llevarán de la mano para transitar de la ignorancia a la sabiduría, de la oscuridad a la luz, y todo lo contrario al amor tiene que surgir dentro de cada uno de nosotros para ser sanado. Coloca tu antivirus cuando estés recibiendo información espiritual y verifica que se te está enseñando a través del amor, la aceptación y el perdón. Al finalizar de recibir información espiritual comprueba que sales empoderado, con ganas de vivir, de hacer el bien, lleno del espíritu de Dios.

– ¿Cómo sé que estoy lleno del espíritu de Dios?

– Aunque esa experiencia es difícil de explicar, existen algunas señales que nos permiten saberlo. Se siente, más que alegría, una gran dicha, paz, un deseo de ser mejores personas, de ayudar a mejorar nuestro entorno y a nuestros congéneres, gran amor en nuestros corazones y un profundo sentimiento que nada es imposible. Lo más importante es que sientas con total certeza, que la persona que hace de guía espiritual no es quien te habla, sino que es utilizada por el Espíritu y sin saber cómo explicarlo, reconoces el mensaje especial de Dios para ti, a través de la información que recibes.

– Tiene usted razón, jamás pensé que la información espiritual nos condicionara tanto.

– Lo que nos condiciona no es la información espiritual, sino los comunicadores seudoespirituales.

– No comprendo.

– Una persona puede creer que está sirviendo de canal del espíritu para transmitir información a otros seres humanos, lo que hace es perpetuarse a sí misma, sus miedos o paradigmas.

– ¿Cómo saber que mi guía es el correcto?

– Por sus resultados los puedes identificar; siempre ten en cuenta que ser mensajero de la información espiritual es un privilegio que se debe ganar día a día. El espíritu puede utilizar hoy a una persona y mañana no, simplemente porque no está viviendo un móvil correcto. Muchas veces la personalidad se interpone y aquellos que se creen mensajeros del espíritu están predicando a través de su ego o su soberbia. Los verdaderos guías espirituales tienen muy clara esta premisa y trabajan arduamente a través de la oración, meditación, contemplación y ejercicios espirituales para lograr que sus personalidades no se entrometan en el mensaje. Para que la información correcta llegue a ti en el momento adecuado y tengas una actitud de entendimiento y comprensión, te ayudará ponerte en la luz y poner en la luz a la persona que será utilizada por el espíritu.

— ¿Cuál es la religión correcta, la que tiene la verdad, la que más me conviene?

— Todas y ninguna. La religión que a una persona la ayuda a elevarse espiritualmente, tal vez a otra no le sirva para nada, o sienta que no es su camino; una vez elijas una como camino espiritual, debes seguirla a cabalidad, de lo contrario te sabotearás continuamente, o puedes crear diferentes niveles de autocastigo. Esto no debe preocuparte una vez encuentres la religión adecuada para ti como camino espiritual, internamente lo sabrás.

— ¿Si no tenemos ninguna religión en la cual estemos militando, qué crea en nosotros los pensamientos rectores?

— En primera instancia, la información genética que recibimos de nuestros padres a ese respecto, luego en una edad en la que nuestro discernimiento es nulo y todo lo que se nos dice es palabra de Dios.

— ¿Cuál es esa edad?

— Desde que se está en el vientre materno hasta los siete años. Durante la vida, recibimos una instrucción a través de diferentes religiones; posteriormente, cuando se tiene la capacidad de discernir y elegir no seguir ninguna religión, a medida que se empieza a comprender, las leyes espirituales se convierte en los pensamientos rectores; son 33 leyes inmutables, que no se pueden cambiar. Luego se entiende que el templo es nuestro cuerpo y que la luz está en nuestro corazón.

– Siento que no está contestando la pregunta.

– Internamente eres conducido a seguir esas leyes que el universo tiene preestablecidas. Son los verdaderos pensamientos rectores; las demás son creencias temporales en busca de lo eterno. Una buena reflexión tiene que ver con que hagas un análisis exhaustivo de cuáles son tus pensamientos rectores y cuáles de ellos te limitan y cuáles te empoderan. Es más, un día podrás elevarte por encima de dichas leyes y esto gracias al total conocimiento y obediencia de las mismas y vivir en ese estado en que todos los humanos sueñan: vivir en la gracia. En la gracia se vive desde la dicha, los milagros suceden una y otra vez, no se juzga a nadie, simplemente se observa todo y a todos con sentido de aceptación y se vive de adentro hacia afuera, creando exactamente lo que queremos en nuestro entorno.

Luego que comprendes este tipo de pensamientos rectores, necesitas aprender que también tienes, y vienen en segunda categoría de importancia, los pensamientos condicionados, que te ponen los límites entre lo que puedes ser o no ser, lo que puedes aprender o no aprender, lo que puedes tener o no tener, lo que puedes hacer o no tanto mental como físicamente. Es importante reconocer que los pensamientos que te limitan tú los elegiste y que si deseas, puedes cambiarlos, porque te tienen atrapado a los resultados actuales. Cuando tu cuerpo físico no te apoya o los resultados materiales no son los deseados, vigila tus pensamientos y cambia lo necesario, ellos son los que crean y subordinan todo lo material; tu mente cambia tu realidad física, y cuando tu parte mental pierda el control sobre tu parte física y sean tus deseos físicos los que gobiernen tu vida, ve al área espiritual, que ahí se encuentra el poder de cambiar y direccionar tus pensamientos.

Hasta aquí la ruta del éxito nos muestra la importancia de establecer objetivos concretos y de controlar la información que recibimos; la siguiente lección tiene que ver con la maestría. Estudia y repasa tus apuntes, aplícalos para que puedas confirmar su veracidad a través de tu experiencia. Te espero la próxima semana.

— Muchas gracias, he aprendido tantas cosas y me siento tan feliz que desearía que estas reuniones jamás terminaran, aunque comprendo que todo tiene su tiempo, esperaré con alegría a que llegue nuestra próxima cita. Hasta entonces, señor Deeb.

— Ve con Dios, que Él te bendiga. Recuerda no permitir que las experiencias negativas del pasado condicionen tu actitud y tu proceder en el presente.

Salí de aquel lugar, no sin antes dejar bien claro la hora y fecha exacta de nuestra siguiente reunión, sabía con certeza que estaba recibiendo claves muy importantes, que sin duda alguna me ayudaría para el resto de mi vida. Tanta información y no ponerla en práctica rápidamente generaba en mí un sentimiento de confusión, algo parecido a la sensación de indigestión, está vez era mental.

Durante ese tiempo estuve preguntándome cómo sería este planeta si desde niños nos enseñaran estos principios de éxito, cosas tan elementales y obvias que no sé por qué razón no poníamos en práctica. Quería cambiar mis resultados ya, todo a la vez, para qué esperar, con esta fórmula podría convertirme en un ejemplo de vida para miles de personas que fruto de su ignorancia no tenían los resultados que deseaban y casi siempre los justificaban manifestando que era la voluntad divina, como si Dios fuera un gran dictador del universo, carente de equidad y que disfrutara premiando a unos y castigando a otros, sin ni siquiera decirles el porqué.

Qué gran error, Dios nos había creado a todos a imagen y semejanza, iguales en esencia al nacer y con el derecho de ser desiguales, gente común con resultados comunes y gente común con resultados extraordinarios. La única diferencia estaba en nuestra decisión de hacer algo extra y yo agregaría, correctamente extra, o mejor, sabiamente extra, o hacer más de lo que sí funciona.

QUINTA PARTE

"Somos lo que hacemos día a día. De modo que la Excelencia no es un acto sino un hábito".

Aristóteles

EL PODER DE LA ACCIÓN
CONSTANTE Y PERSEVERANTE

Toda la semana fue de introspección, grandes reflexiones y deseos de agradecimiento y compromiso. Sin saber por qué, la noche anterior al día de mi reencuentro con el señor Deeb se me había dificultado conciliar el sueño, sentí una profunda paz al constatar que ya había amanecido y me dispuse a vestirme con mi mejor ropa y a prepararme para lo que yo consideraba sería un día especial. Llegué treinta minutos antes a la cita con la esperanza de aprovechar más tiempo con el señor Deeb, él estaba atendiendo a otras personas y nos reunimos exactamente a la hora señalada.

— ¡Muy buenos días, señor Deeb! —Lo saludé con sentimiento de amor profundo y una gran felicidad que provenía de mi alma; sin que me lo dijese expresamente percibí en él algo de prisa y deseos de aprovechar al máximo cada segundo.

— ¡Buenos días, hijo! ¿Cómo estuvo tu semana?

— Excelente, estuve muy feliz y reflexioné mucho; estoy percibiendo la gran responsabilidad de poner todo esto en práctica, y posiblemente esa sea la forma de contribuir a mejorar el mundo a través de mi ejemplo.

— Tú lo has dicho, lo más importante es el ejemplo; "Sólo el conocimiento que se aplica persiste en el espíritu"; hace mucho leí esa frase en un libro de mejoramiento personal y cada vez le encuentro más validez. Estuve pensando en estos días sobre nuestra última conversación y me di cuenta que en nuestra sesión anterior olvidé hablarte de los guías invisibles. El conocimiento de todos los tiempos está siempre disponible para quien elija utilizarlo. Tanto los pensamientos más elevados como los más depravados, la forma como consiguieron resultados tanto los grandes eruditos y sabios como los más perversos y funestos seres, todo ese conocimiento está disponible. Si aprendes a conectarte con la memoria de los días, seguramente al final te des cuenta que realmente eres un conector. Según tu nivel de vibración, conectas constantemente con mundos invisibles de donde obtienes información, al punto que muchas veces ni siquiera puedes diferenciar si estás pensando o estás siendo pensado por alguna otra entidad.

– Todo influye en nuestras vidas –pensé, atrapado por mis diálogos internos.

– Sí, todo –me contestó sin yo haber abierto la boca–. En este momento tú y yo podemos conectar en la misma frecuencia y si lo deseamos podemos comunicarnos a través de la telepatía, o sea, tú me captas mis pensamientos y yo los tuyos. Esto se hace frecuentemente sin tener consciencia de ello; un ejemplo claro es cuando piensas en alguien y esa persona te llama, o tú llamas a alguien que estaba pensando en ti, aparentemente tuviste la intención de llamar; realmente respondías a un pensamiento enviado por él. La mayoría de las personas no tiene consciencia de esto, por esa razón creen que las ideas son suyas, ya sea para hacer el bien o el mal, desconociendo que realmente son influidas por energías externas que le invitan a lo uno o a lo otro. Tú que estás entrando en este conocimiento puedes empezar conscientemente a elegir con quién conectar y seleccionar tus guías invisibles. Algo de ello te enseñaron de niño cuando en la cuna tus padres invocaban ángeles para que te protegieran o te iluminaran; después dejaron de hacerlo.

– ¿Y cuál fue la razón?

– Porque en esa primera etapa de tu vida, tus padres

estaban siendo guiados, sin tener consciencia de ello, para que te invocaran esos guías. Lo importante a partir de hoy es seleccionar conscientemente tus propios guías. Es muy fácil trabajar con ellos, sólo tienes que manifestar tu intención de hacerlo. Por curiosidad, antes de dormir o al despertar invoca la guía de un ángel, dile "Para el bien mayor y los más altos fines invoco el ángel de la prosperidad", o el ángel del amor, o de la salud o de la sabiduría, y sólo necesitas estar abierto y receptivo, sin presionar a que nada suceda y verás la gran diferencia de lo que sucederá en tu vida.

– ¿Los guías invisibles son los ángeles?

– No sólo ellos; también puedes conectar con otros seres. Hace algún tiempo en Santiago de Chile, el padre Alberto Hurtado había logrado su santidad a través de seleccionar como guía invisible a Jesús el Cristo; la forma como él se conectaba con la conciencia del Cristo fue a través de la oración y cada vez que se enfrentaba a dilemas se pregunta ¿Qué haría Cristo en mi lugar? Y dentro de él surgían las respuestas correctas, las cuales ponía en práctica, logrando mayor trascendencia en su vida.

– ¿Cuál es el procedimiento para acceder a toda esa información?

– Los estudiosos le han llamado memoria cósmica, mente universal, inconsciente colectivo; más allá del nombre, allí se encuentran grabadas las experiencias y conocimientos de toda persona que haya existido, también tus conocimientos y habilidades pasarán a formar parte del conocimiento del alma de la vida. En cualquier momento de la eternidad, una persona que desee aprender cómo reaccionaría alguien escogido ante determinada circunstancia, sólo tiene que conectarse con el inconsciente colectivo y preguntarle cómo reaccionaría dicha persona en esa circunstancia dada. Así podrán conectarse más allá de los límites del tiempo y del espacio y recibir la información. Puedes seleccionar como guía a una persona, sin importar si aún está viva o ha partido de este planeta hace mucho tiempo. Realmente es tú inconsciente comunicándose con el inconsciente colectivo, y la información la percibirás a través de tus propios pensamientos.

– ¿Dice que podemos elegir como modelos de excelencia a personas que ya no están vivas y que al preguntarles obtendremos las respuestas a través de nuestros propios pensamientos?

– Te lo explicaré con un ejemplo: supongamos que te gustan las artes marciales y eliges como modelo de excelencia a Bruce Lee; te darás cuenta que tienes algunos límites por tu estado físico, sobrepeso, elasticidad o potencia. Te sientas o asumes una posición cómoda para ti, preferiblemente con los ojos cerrados, haces una oración para instalarte en la luz, pidiendo que todas tus experiencias sean para el bien mayor y los más altos fines, luego invocas la presencia del señor Bruce Lee e imaginas que está frente a ti y le formulas las preguntas que deseas. Lo que sucederá a continuación es que dentro de ti surgirá la solución a tu problema, podrás creer que eres tú mismo el que se está dando la respuesta; sin embargo, por la sabiduría de las respuestas llegarás a comprender que estás siendo asistido por la entidad que invocaste.

– No entiendo cómo puedo conectarme con personas que están vivas y menos aún, cómo puedo comunicarme con personas que ya murieron.

– Tu mente inconsciente está comunicada con la de os demás seres humanos, es decir, la mente inconsciente es una sola, donde se almacenan los pensamientos y experiencias de cómo han obtenido resultados cada una de las personas que existen o han existido en este planeta. Lo que estás aprendiendo es a comunicarte con la mente inconsciente y a seleccionar de allí la información que necesites. La mente inconsciente es como un gran banco de datos donde puedes encontrar las respuestas que estás buscando; sin embargo, por ignorancia no utilizamos toda esa información.

– ¿Por eso algunas personas afirman haber hablado o visto a un ángel, un santo o alguna persona del pasado?

– Sí. Lo más probable al invocar con alguna regularidad a alguien, es que podamos conectar con la imagen en vida de ese ser. Algunos se hacen fanáticos o seguidores de determinadas personas que murieron; el caso del doctor José Gregorio Hernández, un excelente médico, que miles de personas lo invocaban para pedir su asistencia. El problema se presenta cuando crean dependencia de personas, estén muertas o vivas. Lo que quiero que aprendas nada tiene que ver con este tipo de situaciones, la idea no es crear dependencia de nada ni de nadie. Aunque estás invocando tu guía invisible, lo que realmente estás haciendo es conectándote con un archivo específico del inconsciente, donde se encuentra grabada la información que requieres. En otras palabras, tú no estás queriendo comunicarte con esas personas, estás utilizando su nombre como una clave para entrar en el registro del inconsciente colectivo, donde se encuentra la información que buscas.

Todos los pensamientos que han sido creados durante la eternidad por las personas que han existido a través de los tiempos, junto con todas sus experiencias de cómo resolvieron los diferentes problemas que tuvieron durante su existencia quedan grabadas en el registro akáshico o en el inconsciente colectivo. A esta información podemos acceder a través de una clave o código que consiste en invocar la presencia o el nombre de la persona que hemos elegido como modelo o guía invisible. Más que pretender comunicarnos con esas personas, lo que realmente hacemos es utilizar la información, experiencia y sabiduría dejada por ellas en ese archivo.

– ¿Yo estoy creando mi propio archivo, con cada una de las experiencias que vivo al resolver mis propios problemas?

– Exactamente. Si analizas con detenimiento, notarás que ni tú ni nadie empieza de cero cuando nace; utilizamos la sabiduría de nuestros antepasados y con nuestras experiencias contribuimos a nutrir el inconsciente colectivo con más sabiduría. La pregunta que podríamos hacernos es: ¿Somos un modelo que alguien esté interesado en emular? Si la respuesta es no, tendríamos que esforzarnos en mejorar, para poder contribuir significativamente a este mundo.

– Discúlpeme que sea tan repetitivo, requiero entender: si deseo aprender música o a tocar piano, podría invocar a Beethoven, o si deseo aprender física a Einstein, o sobre el amor a la madre Teresa o a Jesús el Cristo, y al invocarlos no es que ellos aparezcan, sino que me estaría ubicando dentro de la eternidad en el tiempo y espacio que ellos existieron y accedería a la información que allí se encuentra grabada, lo que me permitiría pensar como ellos pensarían y actuar como ellos actuarían en las circunstancias que me encuentre en ese momento.

– Sí, todo eso es cierto. La mayoría de las personas va por el mundo sin utilizar, no sólo todo su potencial, sino todo el potencial de la experiencia acumulada durante la eternidad que se encuentra en el inconsciente colectivo. También debes aprender que los seres humanos vamos en continuo crecimiento y evolución, y únicamente cuando estamos preparados conectamos con nueva información. Evidentemente, al descubrirla nos surge un sentimiento de haber desperdiciado mucho tiempo. Lo importante es darnos cuenta que gracias a todos los aprendizajes anteriores estamos preparados para entender nuevas lecciones. ¿Recuerdas cómo era en el colegio? Primero te enseñaban letras, luego palabras y oraciones, con el paso del tiempo aprendiste a leer.

Cada paso que das en la vida te lleva a un entendimiento mayor y absolutamente todas las experiencias son importantes, las consideremos correctas o incorrectas, puesto que serán el punto de referencia para que otros seres humanos puedan avanzar más rápido. Somos testigos que cada día el mundo avanza a mayor velocidad y cada día se evoluciona más, lo cual es fruto de tener mayor acceso a información y experiencias dejadas por otros. Cuando tú avanzas, el cosmos avanza y si tú te estancas le estás robando a la humanidad el derecho de nutrirse de tus experiencias.

– ¿Cómo puedo utilizar el registro akáshico y conectar con personas que están vivas?

– Igual. El inconsciente colectivo graba permanentemente y vive en un eterno presente, da igual en qué momento de la eternidad vive o vivió la persona con la que quieres conectar. Invoca su nombre, siente su presencia y pregúntale como si estuviera frente a ti, observa las respuestas que surgen dentro de ti, no las cuestiones, por ahora sólo hazlo, allí está la clave. Cuando tratas de intelectualizar la información, tu mente entra en una etapa conocida como parálisis por análisis; muchas personas se la pasan analizando todo, razón por la cual no toman acción; ignoran que la información sin acción para lo único que sirve es para acrecentar el ego. Lo más importante es llevar la teoría a la acción, es allí donde se encuentra la maestría.

¡Tu comportamiento está condicionado por tantas cosas! Es muy importante que sepas que lo que piensas, hablas, sientes, haces y la forma como te alimentas espiritual, mental y físicamente se ven reflejadas en tu cuerpo. Tu cuerpo te delata, para donde vayas llevas la memoria de tu vida, por esta razón alguien sin conocerte puede concluir muchas cosas de ti sólo con verte.

– Pero se pueden equivocar...

– Es cierto, no obstante en la mayoría de los casos las apreciaciones son acertadas. Una pregunta que te apoyará es ¿Cómo soy percibido por los demás? Sabes que es muy diferente lo que tú crees que proyectas a través de tu imagen física y lo que realmente perciben de ti. Escucha atentamente lo que te dicen de ti, mucho de ello tiene que ver con proyecciones de quien te habla; cuando más de una persona opina lo mismo de ti, entonces y sólo entonces puedes darte cuenta de cómo te perciben los demás y ese es un excelente dato que te obliga a cambiar tus posturas físicas, podrás cambiar el cómo te sientes y el cómo te perciben. Si tienes la espalda recta, caminas resuelto y hablas rápido y dinámico es muy diferente de si tienes la espalda encorvada, caminas lento y hablas despacio y débil ¡Pruébalo! Para que analices como te delata tu cuerpo, ten en mente cómo te perciben los demás, pregúntate con qué te estás identificando. Si te identificas con tus hijos, cuando ellos se vayan de tu vida, ésta perderá sentido; si es con tu trabajo o profesión, cuando ya no la realices quedarás sin piso; si te identificas con tu cuerpo, cuando envejezcas estarás en problemas.

– Entonces, ¿con qué debo identificarme?

– Antes que identificarte con algo, lo importante es tener presente dos verdades. Primera, todo es transitorio, todo cambia, nada es permanente. Estas reuniones no existían meses antes y ahora estás apegado, pero en algún momento finalizarán. Todo es prestado; representas un papel protagónico en la gran obra de tu vida, pero es eso, un papel. Segunda, realmente eres luz, un ser infinito, ilimitado, inmortal, omnisapiente, omnipotente, omnipresente. Identifícate con esas cualidades y dejarás de sufrir, de padecer la vida y comenzarás a disfrutarla.

Te comenté que el cuerpo físico nos delata y sólo con ver a una persona es fácil descubrir muchas cosas de su historia personal, saber si es feliz o no, exitosa o fracasada, tiene buena autoimagen, se siente feliz consigo misma. Debes saber que aun siendo los dueños de nuestros destinos, constructores de nuestros futuros, el medio ambiente puede influirnos poderosamente. Ya te hablé de los seres humanos que están dormidos, a quienes todo lo externo les influye y parecen víctimas del destino, y de los que están despiertos e influyen en su medio ambiente y hacen que sucedan las cosas. Hoy debo aclararte que existen grabaciones que logran influenciarte fuertemente con todo tipo de sentimientos de: tristeza, depresión, desesperanza o felicidad y optimismo, campos conocidos con el nombre de ectoplasmas. El ectoplasma es una energía que está alrededor de cada cuerpo, denominada de diferentes formas: campo sum en las partículas subatómicas, aura en el cuerpo humano, capas electroestáticas en los planetas y energía electromagnética en el ambiente; son capas de energía que cubren todas las formas físicas y graban las emociones que se producen a su alrededor para luego influenciar con lo allí grabado a quien tenga contacto con ese cuerpo.

– Perdón –exclamé para indicar que había entendido muy poco– ¿Podría, por favor, aclararme esta información con algunos ejemplos? Estos son temas desconocidos, información nueva y la percibo confusa.

– Todo es energía y esa energía proviene del éter. Ya sabes que la energía no se destruye, sino que se transforma; los seres humanos la transformamos constantemente con todo lo que pensamos, hablamos, sentimos, hacemos y la forma de alimentarnos física, mental y espiritualmente. Cada átomo tiene un campo magnético que lo protege y donde se graba todo lo que se percibe; en el ser humano se llama aura; en los planetas, capas electroestáticas; en los minerales, vegetales y animales, huevo áurico o energía electromagnética. Lo que tú piensas, hablas y sientes queda grabado en tu aura, el campo de energía que está alrededor tuyo, el cual a su vez impregna con lo allí grabado los lugares por donde pases, la ropa que vistes y la gente con la que te relacionas; así mismo, esa aura se impregna de los sitios por donde pasas y de los pensamientos, palabras y sentimientos de las personas con las que compartes. Es un proceso en doble vía.

Te daré varios ejemplos para aclararte este concepto y su impacto en nuestras vidas: supongamos que tuviste un día muy triste y deprimido; lo que planeabas no se materializó como tú querías; llegas a tu casa y, aunque no seas consciente, las paredes de tu hogar se empiezan a impregnar de estas emociones; si son recurrentes, con el tiempo y de manera inconsciente el sólo hecho de llegar a tu casa te generará sentimientos de pobreza y depresión, produciéndote rechazo y deseo de permanecer más tiempo en otros lugares. Más aun, si no lavas la ropa, al volver a ponértela volverás a atraer a tu vida las mismas sensaciones.

– Eso es gravísimo. ¿Cuál es la solución? Generalmente llevamos a nuestros hogares todos nuestros problemas y allí los volvemos a revivir contándoselo a nuestras familias, es una manera de aliviar esa carga.

– Eso es cierto; cuando tienes esta información te enfocas en hablar de soluciones. Cuando un día fue desagradable, al llegar a tu casa báñate, y manda a lavar tu ropa. Procura que tus peleas, pensamientos de escasez, enfermedad y demás cosas desagradables no las vivas dentro de tu casa; si no puedes evitarlo, limpia su energía encendiendo una vela, abre las ventanas, mantén flores vivas, llénala de luz, buenos pensamientos y oraciones. El día que tengas tribulaciones, esos campos electromagnéticos positivos te reconfortarán. Cuando entras a un lugar donde se vivió mucho sufrimiento, te impregnas de él y lo atraes a tu vida; así mismo, cuando llegas a habitar en un lugar donde había escasez, enfermedad, conflictos, tu existencia se trastorna y perturba y no sabes por qué.

– ¿Es por eso que nos sentimos tan bien cuando estamos estrenando algo, ropa o un mueble, una cama, una casa, un carro?

– Sí, esa es la razón; en ese momento la energía de las cosas está pura, fuera de programación y tú las puedes programar con lo que quieras. Haz de tu cuerpo un templo, aleja de ti los pequeños demonios de la duda y todo aquello que te causa infelicidad, lo mismo en tu hogar y sitios de trabajo, vive atento para que los sitios que más frecuentas y las personas con las que compartas estén llenos de buenas vibraciones y su influencia en tu vida sea favorable.

– Es muy importante poner en práctica esta información. Debo pasar de la teoría a la acción.

– Precisamente, el siguiente paso de la ruta del éxito trata de la acción.

LA ACCIÓN

Muchas veces las personas llenan su mente de información y en algunos casos tienen las respuestas correctas y las soluciones correctas, pero sólo para los demás, porque en sus vidas no ha pasado nada. La mejor manera de encontrar las cosas hechas es hacerlas ya. Algunas veces te habrá ocurrido que te cruzas en el camino con personas cuyos resultados no son los que te gustaría modelar, sin embargo ellas te dejan saber que poseen toda la información para que tú cambies tu vida. Indiscutiblemente, la pregunta que surge en este caso es: ¿Por qué no cambian primero la suya propia? Ya Jesús el Cristo nos dejó esa enseñanza: "Por los frutos los conoceréis". Esta es la diferencia entre profesor y maestro: el primero te enseña teoría, el segundo te enseña con el ejemplo.

La acción es la madre de la sabiduría, sólo al actuar se obtiene experiencia y cuando se obtiene experiencia se está viviendo y dejando un legado, el cual quedará grabado en el inconsciente colectivo.

Algunas consideraciones que debes tener claros sobre el hacer:

- La acción cura el miedo.

- Tener claro el resultado exitoso, imaginado vívidamente en la mente, te estimulará a tomar acción más rápidamente.

- La acción te hace maestro en el área en la que estás actuando.

- Sólo el conocimiento que se aplica persiste en el

espíritu.

- La caminata más larga empieza con un paso.

- El verdadero poder está en la toma de acción oportuna.
- La acción es la clave de toda realización humana.

- El fin de todo conocimiento es llevarte a la acción.

- El momento del poder es el presente, empieza a actuar ya.

- Toda decisión coherente está acompañada de acciones inmediatas.

- Sólo acciones diferentes conducen a resultados diferentes.

- Confirmar que cada acción te lleve al resultado exitoso que has elegido.

- Aplazar la acción es traicionar tus sueños y, por ende, a ti mismo.

- La acción es ahora mismo, no en otro momento, en este lugar y no en otro.

- La vida es movimiento, cuando dejas de actuar, empiezas a morir.

- Realiza inmediatamente las tareas pendientes.

— A primera vista estas consideraciones parecen simples y obvias.

— Lo sé. Aunque la vida de por sí es simple, los seres humanos tratamos de complicarla constantemente con teorías que nos llevan a hacer grandes análisis y con ellos paralizarnos continuamente. La maestría surge de la acción constante, poco valorada por la humanidad. Muchas veces es mejor errar haciendo, de esa manera se obtiene maestría de cómo no hacer algo, que dejarnos tentar por la inacción. Alguna vez le preguntaron al inventor y científico Thomas Alva Edison: ¿Qué sentía de haberse equivocado cinco mil o diez mil veces, y haber errado tanto antes de acertar en inventar la bombilla eléctrica? Él respondió: "Obtuve información de cinco mil o diez mil maneras diferentes de cómo no se hace una bombilla eléctrica".

La ruta del éxito no pone en primer lugar la acción, no es lo que corresponde. Insisto, lo primero es saber exactamente qué se quiere, luego seleccionar la información, estar alerta a los virus que otros emitan hacia ti, tener las creencias correctas, elegir la actitud que te empodere para tener el comportamiento y memoria física adecuados y tomar acción. Esto significa que si todos los pasos son realizados correctamente, con seguridad la acción vendrá por sí misma y, lo mejor, serán acciones correctas y enfocadas.

Michael Jordan, excelente jugador norteamericano de baloncesto, en su libro *Mi filosofía del triunfo* dice: "Si lanzas ocho horas diarias de manera equivocada a una cesta, te conviertes en un experto en lanzar mal".

Si has seguido la ruta del éxito en el orden adecuado, debes conquistarte a ti mismo para tomar acción inmediatamente, en ese momento estás listo para hacer las cosas correctas, sabes exactamente lo que quieres, es decir, tus más profundos sueños. Recuerda que sueños grandes requieren grandes acciones, pequeños sueños requieren pequeñas acciones y sueños sin acción son sólo ilusiones. Cuando te des cuenta que antes de tomar acción estás pensando mucho, bloquea el pensamiento poniéndote en acción inmediatamente; cuando tú ya sabes lo que quieres hacer, el pensamiento no se requiere, sólo la acción. Después de seguir correctamente la ruta del éxito y llegar al paso de la acción, no necesitas pensar sino actuar, en ese momento el que piensa pierde.

– ¿El que piensa pierde?

– Sí; te lo explicaré mejor: al elegir entre ir a hacer ejercicios para mejorar tu condición física o quedarte durmiendo o viendo tu programa de televisión favorito, tus emociones te guiarán a lo que te produzca más placer. Recuerda que la mente está diseñada para incrementar placer o evitarte el dolor; por lo tanto, al tener esa elección, ella intentará evitarte la incomodidad de levantarte de la cama y enfocarte en el placer que te produce estar allí, creándote pereza de ir a hacer ejercicio y esforzarte. Tú ya sabes que requieres ejercitarte más, no debes pensar, y antes que surja el pensamiento, te levantas de la cama y te vas a entrenar; sólo permites a tu mente que te muestre el placer que sentirás estando en la condición física adecuada. Lo mismo, entre escuchar la radio o un disco de mejoramiento personal, de inmediato toma acción y escucha ese disco, de lo contrario encontrarás todos los motivos para sintonizar tu emisora preferida.

Una vez que sigas correctamente cada paso de la ruta del éxito, toma acción inmediata, hazte maestro de la acción, allí está la diferencia, no importa cuánto te equivoques, porque el mayor error que podrías cometer es no tomar acción. Cuando te veas bloqueado y sin actuar, verifica si estás analizando mucho, podrías encontrarte en el estadio de la parálisis por análisis. En los diálogos internos está la clave de nuestra parálisis o acción, dite a ti mismo las cosas necesarias para que entres en acción inmediatamente. Es mejor dormir cansado que frustrado. Existen muchas personas llenas de cualidades y dones pero fracasadas, por el pésimo hábito de no tomar la acción oportuna o suficiente.

– ¿Cuándo y cómo sé que algo no me conviene y debo dejar de hacerlo para no caer en la terquedad?

– Interesante pregunta. Eso debes determinarlo en el primer paso de la ruta del éxito, cuando estableces tu resultado exitoso. En cuanto tienes clara su ecología, es decir que tus deseos te convienen a ti y a toda la humanidad o lo que llamamos crear en el bien mayor, y seguiste la ruta del éxito paso a paso ya no existe ninguna excusa para no seguir intentándolo. Recuerda: gana el que persevera hasta el final. Un gran desperdicio que sufre la humanidad es la pérdida de tiempo, lo que indica que necesitamos formar el carácter para tomar acción ya. Debemos aprender que la perseverancia y la constancia nos ayudan en la conquista de nuestros sueños e ideales. Cuando eliges que por nada del mundo te vas a rendir hasta que logres el resultado exitoso y eres coherente con esa decisión, estás siendo perseverante, y cuando haces que cada instante de tu día cuente para la conquista de esa meta, eres constante; así que la una sin la otra no funciona, requieres ser perseverante y constante.

Las decisiones deben renovarse cada día. Alguna vez escuché que la mejor decisión dura tres días, por lo tanto, debes llenarte de motivos para renovar tu decisión de actuar hacia tus metas cada día. Si lo intentas y fracasas tienes la opción de intentarlo de nuevo y aprender de tu error, si no actúas no has aprendido nada. El mensaje es: actúa perseverante y constantemente, para que tus sueños se manifiesten tan rápido como te lo mereces.

— Ahora entiendo que la gente prefiere renunciar a perseverar, aparentemente es más fácil, aunque la autoestima y la autoimagen se vayan marchitando por estas aparentemente insignificantes pero poderosas acciones.

— Bien dicho, ya estás comprendiendo que no se trata de grandes cambios, sino de pequeños cambios. La mayoría de la gente no valora el poder de los pequeños cambios, ignorando que ahí está determinado nuestro destino. Pequeños cambios en el accionar en tu presente te pondrán en un punto muy diferente de tu destino en el futuro. La acción es una relación entre el precio y el premio. Si el precio es muy alto, una parte tuya sabia, a la que le encanta ganar, te invitará a la inacción. Asegúrate que tus premios sean lo suficientemente motivadores, para que valga la pena pagar el precio, de esta manera te encontrarás tomando acción continuamente.

La sabiduría surge cuando la información se transforma en experiencias a través de la acción. Quizás a eso viniste a este mundo, a crear experiencias edificantes; dicho de otra manera, a vivir, porque sólo cuando se experimenta se vive realmente. Cada día permite que las experiencias edificantes llenen tu vida. Muchas personas van por ahí teniendo días repetidos, por la costumbre de no querer tener nuevas experiencias a través de la acción, se quedan sólo en la fase de la información. Cada día debe contener la magia de ser nuevo, necesitas abrirte a la expectativa de esperar que hoy la vida sea hermosamente diferente.

Te repito, sin la acción no se vive realmente, lo que se hace es vegetar. No permitas que tu memoria te condene a repetir tu vida cada día. Aunque en el calendario otra vez sea lunes, martes u otro día, o enero, febrero o el mes que sea, nada tienen que ver con el anterior lunes o el anterior enero; este momento no ha existido ni se repetirá jamás, hazlo nuevo. Vive cada instante, no como si fuera el último, sino el único; haz que cada instante cuente, ocúpate en ser feliz, pregúntate continuamente ¿Qué debo hacer para ser feliz? Y hazlo.

– ¿Y se vale todo? ¿Podría hacer cualquier cosa para adquirir experiencias sin importar qué tanto bien o mal haga?

– El universo responde a unas leyes inmutables que las conozcamos o no rigen nuestro destino y se encargarán que te encauses en el bien mayor y los más altos fines.

– ¿Cuáles son esas leyes?

– Te nombraré dos: la de reversibilidad y la de los ciclos.

– Por favor, explíqueme en qué consisten.

– La ley de reversibilidad hace que cada persona repita

una y otra vez la misma lección hasta que la enseñanza quede aprendida y en ese momento está lista para cambiar de experiencia. También se observa esta ley cuando una persona causa daño a otra: esa acción se le devuelve para que al experimentarla en carne propia, decida si es algo que le gusta o no atraer a su vida. La ley de reversibilidad se encargará de regresarle experiencias similares, hasta el día en que ya no siembre o haga a los demás eso que no desea que regrese a su vida. Una acertada pregunta que puedes formularte mientras pasas por una crisis es: ¿Qué necesito aprender de esta experiencia?

La ley de los ciclos es bastante evidente. Si analizas con detenimiento podrás observar que la existencia se repite constantemente: domingo, lunes, martes, miércoles, y así todos los días de la semana; enero, febrero, marzo, abril y el resto de los meses del año; también las estaciones, el día y la noche. Puedes leer en los libros de astrología que los ciclos de cada planeta son repetidos, la Tierra gira alrededor del Sol cada 365 y un cuarto de día y sobre sí misma cada 24 horas, eternamente. La vida es cíclica y si la persona no despierta, el tiempo pasará por su existencia y ella simplemente envejecerá, sólo eso. Alguna vez has dejado de compartir con alguna persona y al cabo de unos años vuelves a interactuar con ella y para sorpresa tuya parece que no hubiese pasado el tiempo en su vida, siempre los mismos problemas, los mismos resultados, las mismas excusas: siempre de la misma manera (SMM). El antídoto para esta situación es hacer rupturas, realizar cambios; recuerda, personas que te dicen que desean cambiar, pero hacen lo mismo cada día sufren uno de los males más comunes: el autoengaño. No escuches lo que la gente te dice sino lo que hace y podrás observar si realmente están cambiando de dirección en su destino o simplemente finalizarán obteniendo los mismos resultados.

Lo que hace daño a la humanidad no es el tomar acción, actuando se experimenta cómo obtener o no el resultado que se busca, sino la inacción producto del miedo a cometer errores. El mayor daño nos lo hacemos cuando estamos inactivos, cuando la pereza empieza a incorporarse en nuestras vidas, nuestra mente comienza a actuar como un potro salvaje, descontroladamente, creando pensamientos que en lugar de incrementar luz en nuestra existencia, nos llenan de oscuridad y vicios. El juego de la vida es simple, o vives en propósito o vives en vicio; más adelante hablaremos de esto.

La gente renuncia muy rápido a la toma de acción por miedo a equivocarse o a fallar, olvidando que en el accionar mismo ya existe la recompensa de la experiencia. Cada vez que te pones una meta, de inmediato surge un obstáculo tan grande como la meta misma; el obstáculo busca que lo eterno se establezca en ti, cosas que te servirán siempre, enseñanzas como la determinación, el coraje, la perseverancia, la disciplina. Muchas personas viven queriendo ser libres, sin embargo se esclavizan a través de sus propios actos, olvidando que sólo la disciplina nos hace libres. Por eso, o tú te disciplinas o buscarás a alguien que lo haga por ti. Disciplina es tomar acción inmediatamente. Pregúntate qué tipo de acción debes tomar ahora mismo que te lleve a la realización de tus sueños, al logro del resultado exitoso que estás queriendo crear.

Recuerda, aplazar la toma de acción es traicionar tus sueños y, por ende, a ti mismo. Enfócate en los beneficios de tomar acción ya, pon tu mente continuamente a festejar el resultado que tanto deseas, como si ya lo tuvieses y eso apoyará tu decisión de actuar. La mejor forma de conquistarte a ti mismo es hacer una lista de aquellas cosas que te comprometes a hacer cada día, y evita acostarte sin haber completado todos tus pendientes. Es mejor que te comprometas a poco y cumplas, que a mucho y no lo hagas.

- Toma la acción de levantarte a la hora que lo estableciste el día anterior, y hazlo, no pienses, actúa, levántate a esa hora.

- Toma la acción de iniciar tus días con una oración y ponerte en la luz, para que lo que te suceda durante el día sea para tu bien mayor.

- Toma la acción de mirar tus sueños en el mapa del tesoro, antes de acostarte y al levantarte.

- Toma la acción de hacer tus decretos o afirmaciones, cuando lo tengas determinado.

- Toma la acción de visualizar tus sueños, hasta hacerlos realidad.

- Toma la acción de invocar la luz en cada momento importante de tu vida, para separar la luz de las tinieblas y que te suceda sólo lo mejor.

- Toma la acción de leer información que te conduzca a la conquista de resultados exitosos.

- Toma la acción de seleccionar lo que escuchas y prepararte cada día más.

- Toma la acción de alimentarte correctamente y hacer los ejercicios físicos necesarios para mantenerte en forma.

- Toma la acción de aprovechar cada instante de tu existencia y relacionarte con las personas correctas, o sea, aquellas que ya saben cómo conseguir lo que tú deseas, puesto que ellas ya lo lograron o están donde tú quieres ir o van en camino de lograrlo.

- Toma la acción de agradecer, al acostarte, los acontecimientos y medios que utilizaste durante la jornada y repasa no como transcurrió el día, sino como te gustaría que se hubiese desarrollado.

- Toma la decisión de actuar, allí está la experiencia, la cual te conduce a la sabiduría. La teoría puedes obtenerla en libros, pero la experiencia es lo único que da valor a tu existencia.

- Toma acción. Ser responsable es tener la capacidad de responder oportunamente a las obligaciones que nos hemos impuesto.

Si en algún momento te encuentras paralizado, seguramente la razón es que tu enfoque está en el proceso, repasando lo que te costará lograr lo que quieres. Como ya tú sabes que es más importante tener el resultado que la razón, devuelve tu pensamiento rápidamente al resultado exitoso, para llenarte de energía y tomar acción. La vida es una ilusión donde todo, incluido tu cuerpo, se transformará, es más conveniente trabajar por las cosas eternas, la verdadera conquista está en conquistarnos a nosotros mismos. Más importante que hacer algo es lograr tomar la acción oportuna, las conquistas internas, convertirnos en los dueños de nuestro destino, los creadores de nuestro futuro.

Cuando dices que vas a hacer algo y lo haces, tu autoestima y autoimagen aumentan, tu valía y amor propio se incrementan, tu seguridad en ti mismo es mayor. Por otra parte, cada vez que dices que vas a hacer algo y no lo haces o lo aplazas, te darás cuenta que estarás sin energía y tu diálogo interno sobre ti mismo será: no sirvo, no valgo, soy un fraude, no soy importante. Por tal motivo te conviene comprometerte tanto contigo como con los demás sólo cuando estás seguro que pase lo que pase cumplirás en el momento oportuno tus compromisos. No olvides que detrás de una excusa existe un mediocre. Quitarnos las excusas es conquistarnos a nosotros mismos.

El enfoque es una clave en la toma de acción; debes saber diferenciar entre acciones directas, indirectas, robadores de tiempo y virus mentales; analicemos estos conceptos. Verifica hacia qué área de tu vida estás enfocando tu acción, qué resultado concreto estás deseando.

Supongamos que estás queriendo un resultado económico, quieres ganar determinada cantidad de dinero mensualmente; hagamos el análisis suponiendo que la forma como generas ingresos es a través de la venta de un producto. Analiza las acciones que vienes realizando cada día y determina qué tipo de acción es: si te conduce directa o indirectamente al logro de tu objetivo y si te aleja o te roba tiempo. Las acciones directas, las que más debes hacer si realmente quieres conseguir tu objetivo y en las que debes invertir el mayor tiempo posible serían, entre otras, hacer una lista de posibles compradores, llamarlos, demostrarles los beneficios y características del producto y cerrar la venta.

Las acciones indirectas, que deberían ocupar menos tiempo aunque también son importantes, te hacen más efectivo, serían: capacitarte en el conocimiento de los productos y tu empresa, aprender principios de éxito, saber relacionarte correctamente con la gente. Esto lo puedes lograr con algún programa de entrenamiento a través de libros y audios o asistiendo a capacitaciones. Sin las acciones indirectas podrías caer en la trampa de ser activo pero no productivo. Los robadores de tiempo son aquellas acciones que no te conducen a la conquista de tu objetivo, ni debes dedicarle mucho tiempo. Para el presente ejemplo, estudiar otro idioma sería un robador de tiempo, aunque es conveniente hacerlo, no te conduce a tu resultado exitoso que es ganar la suma de dinero estipulada. Muy diferente será si tienes una meta en el área de los negocios internacionales, en ese momento aprender otro idioma sería una acción indirecta. Todo depende de tu resultado exitoso.

Algunas personas llaman gratificación diferida al hecho de sacrificar incluso el deseo de hacer algo que les gusta, mientras consiguen un propósito determinado; es un procedimiento efectivo para ayudarte a tomar acciones oportunas. Si te encanta fumar y te comprometes a hacerlo solamente después de haber cumplido determinada meta, seguramente tu ser básico o la parte que en ti apoya el accionar, te ayudará a tomar acción constante para que consigas más rápido tu objetivo y así obtener tu premio.

Los virus mentales son todos aquellos pensamientos que te hacen sabotearte y te alejan de la conquista de tus objetivos, haciéndote sentir no merecedor de ese resultado.

Pensar que para poder ganar ese dinero requieres ser más atractivo o más inteligente o tener mayor cultura o pertenecer a una mejor familia se convierte en un virus mental que te desviará de tus resultados. Observa los virus y elimínalos a través de la sabia técnica de la aceptación de ti mismo, y el reencuadre de tus diálogos internos. Recuerda un poderoso antivirus: tal como soy me merezco lo mejor, la prosperidad y éxitos ilimitados.

Si quieres mantenerte el mayor tiempo posible tomando acciones directas, que son realmente las que te llevarán a tu resultado exitoso, convierte tus deseos en necesidades. Sólo cuando conviertes tus deseos en necesidades, aplicas otro principio del accionar eficaz denominado sentido de urgencia.

— Señor Deeb ¿cuál sería el modo de convertir nuestros deseos en necesidades?

— Una necesidad es algo urgente, inaplazable, una acción que se debe tomar ya, sin la cual es imposible continuar viviendo, como tomar aire, respirar. Imagina que la vida del ser que más amas depende del logro de un objetivo y si no cumples tu meta el día y hora planeada, morirá ¿Qué harías? ¿Cuándo empezaría a actuar? O si deseas ir al baño por un dolor de estómago ¿Cuándo irías? Convierte tus deseos en requerimientos, y convéncete a ti mismo, que sin la consecución de ese objetivo no puedes continuar viviendo.

Haz todo lo que necesites para tomar acción ¡YA! Si estás planeando tomar acción, tal vez te estés engañando, sólo hazlo, toma la decisión de hacer lo que necesitas hacer en este momento. Sólo acciones diferentes te proporcionan resultados diferentes. Cuando la acción es constante estás más cerca de obtener tus resultados, el universo apoya incondicionalmente a aquellos que están determinados en hacer sus sueños realidad.

Graba en tu mente que siempre en tu vida haya

movimiento y acción enfocada, que estás viviendo, y que la inacción es una forma de morir en vida y eliminar tus sueños. Con mil afirmaciones diarias durante cuarenta días sellas una creación, luego de ese tiempo no requieres repetirlas. Me preguntabas por qué esa cantidad de veces y no otra, y ese tiempo y no otro. La respuesta que te daba tenía mucho que ver con forjar el carácter y educar al narrador de cuentos; sé que una sola afirmación funciona y crea tu realidad, y sé que cuando te enfocas en hacer las mil afirmaciones diarias los cuarenta días sin parar. Durante este período sucederán dos cosas: el narrador de cuentos, esa vocecita que te distrae constantemente y que sin que te des cuenta te roba energía, empieza a educarse y a tener menos poder dentro de ti. Tú estarás en control de tus diálogos internos; y tu carácter se fortalece, sin importar las circunstancias vas a perseverar hasta el final. De todas maneras ya sabes que todos tus decretos independientemente de la cantidad funcionan, sólo que al sellar tu creación te liberas del apego al resultado.

Recuerda las respuestas que puedes recibir cuando le pides algo a Dios: "Esto que quieres, tómalo"; otra es "Obtendrás lo que quieres, no ahora sino más adelante", te conviene después de aprender determinada lección; y la última puede ser "No obtendrás lo que quieres, te tengo reservado algo mucho mejor".

Algunos conocedores afirman que al morir, tus logros estarán relacionados con tu habilidad de haber hecho en vida lo que debías hacer, más allá de las circunstancias aparentes, y de convertirte en la persona que siempre soñaste ser, jamás se nos da un sueño sin la capacidad interior de realizarlo. Personas que le tienen miedo al éxito acostumbran comprometerse, con los demás como consigo mismo, con metas demasiado altas, de modo que al incumplirlas tienen una buena excusa para justificarse, ya que otro ser en las mismas circunstancias aparentemente tampoco obtendría el resultado, y esto les disminuirá el dolor de fracasar. Espero que tú no juegues ese tipo de juegos, puesto que no te convienen. Ponte metas lo suficientemente altas para que te motiven y te pongan en acción, con la certeza que son posibles y que no son un distractor para sabotearte.

– ¿Cómo sé si son demasiado altas o no las metas que me ponga?

– Extraordinaria pregunta, y extraordinariamente sencilla su respuesta. Ponte metas tan altas como desees, de manera que te entusiasmen, siempre y cuando te inviten a tomar acción. Si alguna meta es muy alta y no tomas acción, replantea esa tendencia al autosaboteo. Recuerda, la clave está en la acción. Una pregunta que debes hacerte cuando te veas inactivo: ¿Por qué no ahora? Y una que te ayudará a ponerte en acción inmediatamente: ¿Qué beneficio obtengo de tomar acción ya? Y otra que te apoyará: ¿Cómo me afectará no tomar acción ya y cómo repercutirá en mi futuro? A propósito, es bueno que sepas que algunas preguntas son correctas y otras incorrectas.

– Yo pensaría que todas las preguntas son correctas, lo incorrecto son las respuestas –dije.

– Las respuestas que buscas están dentro de ti y en el macrocosmos junto con toda su sabiduría, lo que necesitas es conectarte con la información correcta a través de las preguntas adecuadas. Hacerte consciente que todas las respuestas que buscas ya existen, y que preguntar lo correcto te llevará a respuestas correctas, y viceversa, es un gran paso en el camino de la conquista de resultados exitosos. Si te preguntas ¿Qué estoy haciendo mal? ¿Por qué no obtienes los resultados que quieres? Dentro de ti saldrán muchas respuestas que te harán sentir culpable. Debes estar haciendo muchas cosas mal, ya que no estás obteniendo los resultados que deseas. Sin embargo, esas preguntas no darán un aporte significativo a tu vida, y generarán en ti sentimientos debilitantes. Muy diferente es si te haces la pregunta correcta: ¿Qué debo hacer para mejorar esta situación? o ¿qué debo hacer yo para obtener el resultado que me estoy proponiendo? Estas nuevas preguntas sacarán desde tu interior información que te servirá para llegar más rápido al lugar que deseas ir u obtener el premio que tanto anhelas.

A manera de ejemplo hagamos una lista de preguntas empoderantes y otra de preguntas desempoderantes. Siguiendo parte de los principios de éxito que vienes aprendiendo, formulemos primero las preguntas incorrectas. Recuerda que primero se habla de los errores y luego de los aciertos; primero del pasado y luego del presente o futuro; tu enfoque final, al igual que el último pensamiento con el que te vas a dormir, debe ser el premio, el resultado exitoso, el futuro deseado, los aciertos del día, como lo viste en reuniones pasadas, esa es la materia prima con la que construirás tus próximos pensamientos, tus pensamientos crean imágenes y tus imágenes, tu realidad de mundo.

Preguntas desempoderantes
¿Qué estoy haciendo mal?
¿Cuál es mi error?
¿Cómo puedes tener tantas deudas?
¿Por qué no logras los resultados que quieres?
¿Por qué no entregaste los trabajos a tiempo?
¿Por qué no asististe a la reunión?
¿Dónde estoy fallando?
¿Por qué tengo esta enfermedad?

La clave para determinar si una pregunta es incorrecta es observando si te lleva a justificar la no consecución de tu metas, a obtener excusas o a enfocarte en lo negativo.

Preguntas empoderantes
¿Qué debo hacer para conseguir mi objetivo?

¿Cómo hiciste para que el trabajo fuera exitoso?

¿Qué quiero tener en un año?

¿Cómo quiero ser en un año?

¿Por qué quiero hacer este trabajo?

¿Para qué quiero hacer una hora diaria de ejercicio?

¿Qué debo aprender de esta situación?

¿Cuál es la cura a mi enfermedad?

¿Cuál es mi propósito en este día?

¿Quiénes son importantes en mi vida?

¿Qué se necesita para llegar a ser el mejor estudiante de mi clase?

¿Qué debo hacer para tener listos los trabajos de hoy?

¿Cómo debo empezar para lograr mis metas?

– La clave para determinar si una pregunta es correcta es observando si te lleva al resultado exitoso, te enfoca en la acción y en lo positivo. –Miró su reloj como si se acordara de algo pendiente– ...Los hábitos –continuó–, mañana hablaremos de ellos. Debo partir, te espero a las 11 de la mañana ¿puedes venir a esa hora? –Se levantó de su sofá sin decir una palabra más.

– Sí, señor Deeb –aseveré mientras pensaba que a la hora que me lo solicitara allí estaría–. Sin pensarlo dos veces me levanté de la silla y le agradecí su tiempo.

Salí de su oficina perplejo, quería seguir disfrutando de sus enseñanzas, aunque comprendí que otra vez me estaba instruyendo con su ejemplo; que con la información correcta el pensamiento no se requiere, sólo la acción. Tal vez salió porque se acordó de algo urgente e importante y no se ocupó en nada diferente a tomar acción inmediata, eso es maestría. La noche pasó a la velocidad de la vida, mi narrador de cuentos jugueteaba en mi pensamiento creándome fantasías que me hacían sentir especial, afortunado y comprometido con mi futuro, mi pensamiento estaba enfocado en tomar acción inmediata tan pronto supiese que tenía algo inconcluso.

Al día siguiente me levanté muy temprano, como en las ocasiones anteriores, estaba listo para mi entrevista con bastante antelación. Llegué a la cita con una hora de anticipación y aproveché para leer un libro que hacía tiempo había iniciado y jamás había finalizado. Recordé que en alguna parte había leído que sólo 10% de las personas que compran un libro terminan de leerlo y mi intención estaba en iniciar nuestra reunión con esa pregunta y así fue, luego del protocolo establecido del saludo y preguntarnos mutuamente cómo nos había ido y cómo nos sentíamos, inicié con esa pregunta.

— Señor Deeb, en relación con tomar acción ¿qué debo hacer si tengo muchos libros que comencé a leer y no los he terminado?

— Coge uno por uno en tus manos y decide si quieres terminar de leerlo o no. Si la respuesta es afirmativa, comienza a leerlos y no te vuelvas a comprometer con una lectura más, hasta que hayas finalizado las pendientes. Si la respuesta es negativa, di en voz alta "doy por finalizada mi intención de leer este libro, lo declaro completo y perfecto hasta donde he leído", y olvídate de él.

— ¿Qué sigue ahora en la ruta del éxito? —Pregunté para dejarle saber que no deseaba interrumpirle más.

— Los hábitos —contestó— los podríamos definir de una manera muy escueta: son acciones repetidas un número determinado de veces, de manera que se convierten en una segunda naturaleza.

— ¿En qué consiste esa segunda naturaleza?

— Son reacciones inconscientes aprendidas, la forma como actúas sin pensar ante determinada circunstancia. Algunos estudiosos del comportamiento humano afirman que cualquier acción que repitas por veintiún días se convertirá en un hábito en tu vida, otros dicen que es necesario repetir la misma acción durante 33 días y otros, que debe repetirse cuarenta días para que realmente se convierta en un hábito.

– ¿Cuál es la verdad?

– Debes comprobarlo por ti mismo y ver de qué forma funciona en tu vida y cuando la experiencia te lo confirme surgirá tu propia verdad. Realmente somos esclavos de nuestros hábitos y el hecho de saber que podemos crear el hábito que deseemos y convertirlo en segunda naturaleza a través de la repetición es una excelente noticia. Si estamos condicionados por nuestros hábitos es mejor hacer lo que hace toda persona de éxito, que es crear conscientemente los hábitos que le apoyan en la consecución de sus objetivos. La mayoría de los fracasados ni siquiera tienen la habilidad de observar que sus hábitos les están llevando al lugar adonde no desean ir y generalmente echan la culpa a los demás. Estos son algunos hábitos que puedes adquirir:

- Adquiere el hábito de hablar sólo cosas positivas, si no tienes algo bueno que decir, mejor quédate callado.

- Adquiere el hábito de sonreír, la vida es muy hermosa y es para disfrutarla.

- Adquiere el hábito de tomar la acción oportuna, cumplir tus compromisos y finalizar lo que empiezas.

- Adquiere el hábito de los campeones, creando una excelente relación con Dios y poniendo todo en sus manos, actuando con determinación, como si todo dependiera de ti, confiando, todo está en las manos de Dios, para que nuestros sueños se materialicen en el momento y lugar perfectos.

- Adquiere el hábito de vivir en la posición del observador, eliminando de tu mente juicios y condenas; sólo observa cómo la gente vive creando a través de sus creencias y hábitos, y verifica si sus resultados son dignos o no de ti, para que puedas elegir emularlos o no.

- Adquiere el hábito de la constancia, la determinación, la perseverancia, la fe, la disciplina, y cumplir con tu palabra, es decir, adquiere el hábito de trabajar continuamente en mejorar tu ser y vivir en el camino de la excelencia.

- Adquiere el hábito de ser feliz, de incrementar la luz en el mundo, que por donde vayas y después que pases, sea un mejor lugar, y con quien te encuentres, después de verte, sean mejores personas y más felices.

Por último quiero que reflexiones sobre el faquir, el monje y el yogui que todos los seres humanos llevamos dentro: el faquir te invita a conquistar el cuerpo físico a través de los sacrificios; el monje, a conquistar las emociones a través de la oración y la meditación; el yogui, a conquistar tu narrador de cuentos a través del enfoque y la concentración. Una vez logres esas tres maestrías reconocerás que el mundo es tuyo, tienes que ganártelo.

– Señor Deeb, me gustaría que me hiciera un resumen de la ruta del éxito –le pedí bastante tímidamente.

– Claro, hijo, con mucho gusto; simplemente es: **creencias + hábitos = resultados exitosos.** Cuando estés creando ubica tu atención en el centro del cerebro y tus creaciones serán más rápidas. No te distraigas buscando maestros a seguir, cuando estés preparado, por tu nivel de vibración llegará a tu vida quien te lleve al siguiente escalón, a tu siguiente estadio de evolución.

Cada instante de tu existencia estás eligiendo vivir en la ley o en la gracia. En la ley alguien pierde, existen culpables, la vida es una lucha, la escasez y la dificultad reinan, existen los elegidos y las personas ganarán el pan con el sudor de la frente; en la gracia los milagros suceden una y otra vez, todo funciona a través del amor, el gozo, el gano-ganas, la bondad, el bien mayor, nos hacemos responsables de nuestras creaciones y los sueños se pueden realizar fácilmente.

El nombre de cada persona significa algo; espero que el tuyo para la gente signifique que eres una persona creíble, confiable, honesta, determinada, de carácter, con maestría. Sólo cuando al recordar el nombre de alguien se relaciona con las características del ser y no con lo que hace ni con lo que tiene, en ese momento puedes saber que para los demás eres un ser de luz.

Lo más importante de la ruta del éxito es que la pongas en práctica. Cuando tienes mucha hambre, de nada sirve que leas la carta de un restaurante si no pides algo y comes. El paso siguiente es acción, recuerda: acción, acción, acción y la magia sucede, los milagros empezaran a ocurrir en tu vida, cada vez más y con mayor frecuencia, notarás que eres el dueño de tu destino y que tus más profundos deseos se hacen realidad.

Estas son las lecciones que tenía pendiente enseñarte, con esto completamos nuestros encuentros y mi tarea queda finalizada, ahora todo está en tus manos; ya no podrás decir que no sabías cómo, lo único que surgirá es el cuestionamiento de si estás dispuesto a hacerte responsable de tu futuro y poner toda esta información en práctica. Ten cuidado de querer salir a cambiar el mundo con tus palabras, más bien esfuérzate en que sea tu ejemplo el que inspire. En realidad, la gente no necesita ser salvada, ningún alma se perderá; nadie va a agradecerte que le enseñes lo que sabes cuando no te lo han pedido, o que lo critiques porque no saben hacer tal o cual cosa o porque no tienen determinada información. La gente sólo desea ser amada y aceptada tal como es y cuando así lo haces, está dispuesta a cambiar y tiene mejor energía para dar el siguiente paso hacia su evolución.

Sólo el amor sana, sólo el amor enseña, sólo el amor transforma. Ámate incondicionalmente, ama a los demás incondicionalmente y ama a Dios y su creación incondicionalmente y serás un guerrero de la luz.

Me he sentido muy feliz de entregarte este legado, de compartir contigo esta información, sé que entregártela era parte de las cosas que vine a hacer a este mundo y ahora me siento con más energía, al saber que he completado uno más de mis pendientes. Por esta razón debo agradecerte, y como siempre desearte que Dios te bendiga; recuerda que ésta es tu casa y que estaré muy contento de poder colaborarte en lo que necesites.

— Gracias, señor Deeb —Busqué en mi mente qué decir— Quería una disculpa para continuar nuestra entrevista, sentía nostalgia que estos encuentros acabaran; sin embargo, esas fueron mis últimas palabras, y salí de allí con una mezcla extraña de sentimientos, con una gran alegría por haber tenido el privilegio de recibir tanta información y con la tristeza de saber que mis reuniones frecuentes con el señor Deeb habían finalizado.

En pleno medio día, una tormenta nublaba el firmamento, los truenos se escuchaban y se veían las descargas luminosas, la lluvia caía a torrentes y mi corazón estaba apretado. Qué ganas de llorar y tener el valor de hacerlo, como lo hacía la naturaleza, pensé, sin embargo fueron más fuerte mis creencias de niño que me susurraban al oído consejos de antaño, falsos, pero para mí sonaban como pensamientos rectores: los hombres no lloran.

SEXTA PARTE

"Desearía hacer milagros", exclamó Arturo un día.
"Este mundo existe gracias a ti" –replicó Merlín–
¿No te parece suficiente milagro?

Deepak Chopra (El sendero del mago)

REMEMBRANZAS

La vida pasaba a gran velocidad, casi sin darme cuenta. Las causas y los azares iban llenando cada instante de mi existencia, al mismo tiempo que sentía que era más consciente de cómo iba obteniendo mis resultados. Tuve la fortuna de repetir el seminario de autoconocimiento, tal como el señor Deeb me había recomendado. Lo recibí con uno de sus más queridos instructores, el señor Enrique Leal, luego lo repetí una y otra vez, sentí un llamado interno muy profundo a prepararme para enseñarlo. Para mí se hizo parte del propósito de mi vida; transmitir esta información a muchas personas y sacarlas de ese valle de ignorancia donde se augura que somos víctimas del destino.

Mientras tanto, parecía que el precio justo a tanta información que había recibido era un revolcón en toda mi vida, como si Dios no nos diera jamás nueva información sin exigirnos que la pusiéramos en práctica. Veía mi mundo al revés: había perdido mi trabajo —que a decir verdad no me gustaba— mi pensamiento de escasez de esa época me hacía creer que el secreto era conseguir algún trabajo y depender de él, así no me gustara, para poder tener el ingreso y subsistir; mejor poco pero seguro, es el dicho. Uno de los pensamientos o paradigmas de escasez que identifiqué rápidamente es ese concepto de trabajar en algo que no nos gusta por un salario que no nos alcanza.

Mi relación de pareja de algo más de seis años también

se acabó; entendí lo poderoso de la información, y lo importante es que personas que comparten juntas alimenten su espíritu con la misma información. Vivía en un cuarto en una pensión de un barrio popular, estudiaba de noche y las deudas se incrementaban cada día. Al cabo del tiempo y fruto de mis resultados, mi espiritualidad estaba totalmente quebrantada, dudaba de todo y de todos y sentía que la experiencia tanto de los seminarios como las entrevistas con el señor Deeb no me estaban aportando lo suficiente para cambiar mis experiencias.

Tenía las respuestas perfectas para todo el mundo, sabía exactamente cómo podrían mejorar su calidad de vida y, lo más irónico; así lo hacían, encontraba en el enseñar una forma de sentirme útil y mientras más personas aprendían estas enseñanzas, yo tenía más la razón, aunque continuamente retumbaban en mi mente las palabras del señor Deeb: enseñar con el ejemplo en estos nuevos tiempos no es una opción, es una obligación moral y es la forma de agradecer a Dios por la fortuna de tener la información adecuada. Era una persona sola, tenía más información que resultados exitosos y eso hacía que mi ego, que presumía saberlo todo y tener las respuestas adecuadas para todos, estuviese fuera de lugar, sobreestimándose y haciendo que la mayoría de las personas que yo conocía se alejaran de mí, y yo por mi parte, para no sufrir el dolor del rechazo, me convertía en alguien solitario, sin amigos.

A grandes rasgos, ese era el panorama de mi vida en aquella época. Hice algo para mi futuro que fue como partir las aguas, empecé a poner en práctica la información recibida del señor Deeb, seleccioné cada día la información que iba llegando a mi vida, seguí tomando seminarios de mejoramiento continuo y todo lo relacionado con el autoconocimiento y ser una mejor persona. Practicaba con juicio los decretos y afirmaciones y me sorprendía de lo rápido que se iban dando los resultados. Al cabo de unos años empecé a dictar el curso de autoconocimiento en las cárceles de mi ciudad y creé dos seminarios más. Poco a poco mi vida empezó a transformarse y los vientos empezaron a estar a mi favor.

A principios de la década de 1990, un 18 de septiembre, el señor Deeb se fue de este planeta. A sus exequias el 19 de septiembre (15 años más tarde justo ese día nacería mi quinto hijo) asistieron miles de personas, todas agradecidas por el impacto tan positivo que él había tenido en sus vidas.

Por mi parte, elegí ese día dictar clase en la cárcel, para que los internos que esperaban el curso con gran emoción, no fueran defraudados por mi ausencia; me sentí muy orgulloso de mi decisión y como había aprendido que las personas no mueren sino que cambian de vestido, levanté al cielo mi rostro justo antes de iniciar la clase para enviarle luz y mis agradecimientos por su impacto en mi vida. Le envié la luz hacia la eternidad para conectar con él donde estuviese y en ese instante vi su rostro rodeado de ángeles en el techo del salón de clases, ¡él estaba presente, había ido a despedirse! A través de mis sentimientos pude percibir que él había aprobado mi decisión de ir a dictar esa clase en lugar de ir a su funeral y comprendí que somos pasajeros de esta historia llamada vida y que con muchas personas debemos encontrarnos una y otra vez.

Recordé las palabras del libro *Juan Salvador Gaviota* de Richard Bach: "Si nuestra amistad depende de cosas como el espacio y el tiempo, cuando hayamos superado el espacio y el tiempo, habremos roto nuestra propia hermandad. Supera el espacio y te quedará un aquí, supera el tiempo y te quedará un ahora, y ¿no crees que entre el aquí y el ahora podremos encontrarnos un par de veces?"

Ese fue mi último contacto con el señor Deeb, tal vez la nuestra sería una relación con un principio que ya no recordaba y ojalá con múltiples reencuentros. Esa experiencia fue seguida por otra aún más impactante. En un sueño viví la experiencia de estar muerto y que no sólo se me pedía sino que se me exigía que escribiese en un libro lo revelado durante el sueño; incluso se me informó el nombre del libro: "*Cuando para amar es tarde*". Aunque los genios de la publicidad jamás estuvieron de acuerdo con el título, yo me mantuve en mi idea de seguir las indicaciones que se me habían dado en ese sueño. Para muchos el título podría hacer pensar en una novela rosa y desvirtuar la realidad de lo escrito. El lector se encontraba con un manual de excelencia humana, que al ser aplicado por cada persona mejoraría indiscutiblemente los resultados de su vida.

Hoy, más dos décadas después de haber tenido la bendición de compartir por primera vez con el señor Deeb, recordar mi pasado es un ejercicio bastante difícil. Recuerdo esa época como una etapa en la que existía en mí mucha ignorancia sobre la vida y el arte de obtener resultados y me cuestiono al pensar cuántas personas podrían mejorar su calidad de vida sólo aplicando unos pocos principios elementales de éxito.

Determiné mi propósito de vida de la siguiente manera: crear riqueza espiritual, mental y material para mí y mi universo, a través de descubrir y enseñar el amor, el poder y la luz que todos llevamos dentro. Había comprendido que la pobreza era una peste, fruto de la ignorancia, la cual me proponía ayudar a erradicar, tanto de mi vida como de mi entorno. Nunca más volví a confundir pobreza con humildad, sabía que tenía más valor ser rico y humilde, que otra combinación para justificar la pobreza personal.

Mi vida ha cambiado desde entonces: me gradué como Contador Público de una prestigiosa universidad de mi país, hice varios posgrados en el área de desarrollo humano, finalicé mi carrera de empleado como gerente comercial de una empresa de comunicaciones en otro país. Ya había mejorado varias veces de vivienda, y lo mismo había sucedido con los autos y las comodidades en mi vida. Mi estilo de vida cada día, gracias a Dios, venía mejorando. No volví a trabajar por dinero, incluso hacía muchas cosas gratis. Sólo hacía lo que me gustaba y que estuviese alineado con mi propósito y cada día sentía que el universo me proveía más de lo que yo podría necesitar.

Había escrito un libro, que cada día se vendía más en diferentes países, había dictado conferencias sobre principios de éxito y algunos seminarios de crecimiento personal en Norteamérica, Centroamérica, Suramérica y Europa.

Conocí, gracias a Dios, a quien hoy es mi esposa. Después de diez años de matrimonio, Dios nos regaló nuestro hijo y hemos creado un hogar pleno de bendiciones. Nuestras amistades cada día son más y reconozco en ellas seres especiales; también cuido que en su vida apliquen los principios correctos, por el impacto que tiene la asociación.

En lo espiritual, elegí más que seguir una religión vivir una espiritualidad práctica, cada día es más estrecha mi relación con Dios y procuro vivir en su luz continuamente, lo que me da seguridad, sentido y un propósito de vida extraordinarios.

¡Qué sencilla la vida! Y qué complicada la hacen personas que incapaces de hacer lo necesario para conquistar sus sueños, divagan en discusiones fatuas sobre lo correcto o incorrecto.

Desde aquellos días, muchas personas han influenciado grandemente en mi vida y son pilares fundamentales para que me convirtiera en lo que hoy soy, sin importar qué tanto o poco sea. Sin embargo, el señor Deeb ocupa un puesto muy especial en mi vida, por su impacto en el despertar de mi conciencia con esos consejos tan sabios. Define claramente lo que quieres, solía decirme, selecciona la información que te va a apoyar a materializar tus sueños, no hagas caso a palabras como: imposible, no se puede, eso no va a funcionar. Trabaja duro como si todo dependiera de ti y confía, que todo está en las manos de Dios y espera con la paciencia —paz y ciencia— que da la sabiduría de la fe, confiando que tus deseos se materializarán en el momento oportuno y lugar adecuado. Jamás permitas —me insistía— que tu incredulidad o ansiedad se interpongan entre ti y tus creaciones; gana el que lo intenta hasta el final.

Sólo queda en mí una pregunta respecto al señor Deeb y tan pronto llega a mi mente, mi cuerpo tiembla y surge un profundo agradecimiento a Dios... ¿Qué sería de mi vida si no hubiese conocido al señor Deeb?...

DANIEL HERNÁNDEZ OSORIO

Considerado uno de los oradores latinoamericanos más destacado en el área de desarrollo personal, es contador público de la Pontificia Universidad Javeriana de Bogotá, Colombia, donde ha sido profesor de la cátedra Modelos de excelencia. Es Máster y capacitador en programación neurolingüística «Santiago de Chile». Realizó los seminarios Insight del I al IV avalados por la Universidad Santa Monica de California, Estados Unidos.

Es profesional de Rebirthing, Pensamientos Creativo y Programación Celular de la Asociación Española de Rebirthing. Participó en los cursos de: Fotolectura, Activando tu Éxito y Mapas Mentales en el colegio de Investigación y Desarrollo Empresarial de México.

Se ha capacitado en talleres de autoconocimiento: Psicodrama, Eneagrama, Gestalt, Musicoterapia, Hipnosis, Reiki, Poder Mental, Macrobiótica, Catarsis, Meditación Trascendental y Manejo de Acciones y Proyectos (MAP).

Como labor social en las cárceles colombianas, dicta talleres de liderazgo, creatividad y comunicación con énfasis en la responsabilidad personal.

Trabajó en la rehabilitación de militares heridos en combate en el batallón de sanidad en Bogotá, Colombia.

Fue locutor y productor de Radio y Televisión.

Es un exitoso empresario en la construcción de comunidades de consumidores o mercadeo en red y su amplia experiencia en esta área le ha permitido capacitar a empresarios en diferentes países alrededor del mundo.

Fue gerente para Colombia de una destacada empresa en el mundo de la capacitación del sistema de comercio interactivo.

Se ha destacado como asesor empresarial en diversas compañías en Latinoamérica. Entrena en los principios de éxito a profesionales de todas las áreas, quienes con la mejora indiscutible de su calidad de vida y desarrollo en sus empresas verifican la eficacia de lo aprendido.

Daniel Hernández es el creador de tres poderosos seminarios-talleres de desarrollo personal:

Autoconocimiento
Nacer al Amor
Modelos de Excelencia

Buscan que el individuo logre un mayor conocimiento de sí mismo, reconozca y transforme sus limitaciones. Aprenda y aplique los principios de éxito en su vida.

El autor lo invita a incursionar en Fracasar o Triunfar: Tu elección; un compendio de principios de éxito que lo cautivará e inspirará a perseverar y hacer lo necesario para conquistar sus sueños, con claridad de objetivos y buscando fuerza interna.

DEL AUTOR

Estimado amiga y amigo: Invita a tus amigos y familiares a que reciban las herramientas plasmadas en este libro para mejorar su calidad de vida e incrementar su luz.

Para adquirir nuestros audios, o participar en talleres Visítanos en: https://www.facebook.com/danielhernandezx1

Para realizar talleres en tu ciudad o comunidad, envíanos la petición al email: daniel.hernandezx1@gmail.com

Encontrarás más información del autor en:

https://www.facebook.com/cuandoparaamarestarde

TWITTER: @DanielHO

https://www.facebook.com/fracasarotriunfartueleccion

¿Quieres colaborar con nuestra red de datos? Indícanos: Nombre, país, edad y como llegó este libro a tu vida. Escribe a:

daniel.hernandezx1@gmail.com

Con amor y luz.

Daniel Hernández Osorio.

DEL MISMO AUTOR:

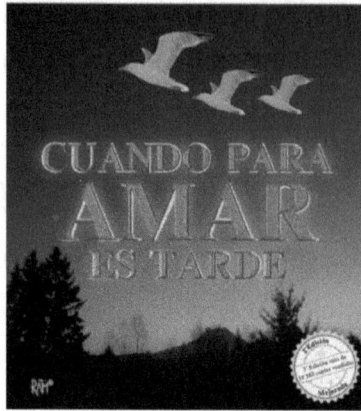

Daniel Hernández Osorio

Un despertar hacia la conquista de tus sueños

CUANDO PARA
AMAR
ES TARDE

Con traducción al inglés:

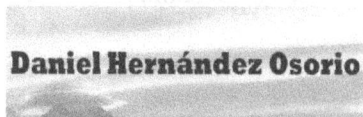

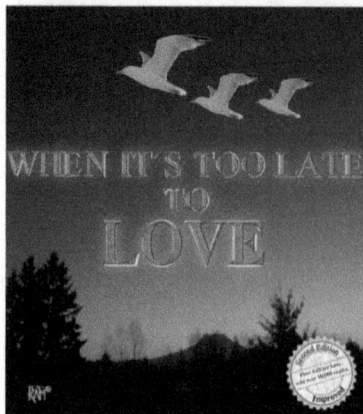

Daniel Hernández Osorio

An awakening towards accomplishing your dreams

WHEN IT'S TOO LATE
TO
LOVE

www.ingramcontent.com/pod-product-compliance
Lightning Source LLC
Chambersburg PA
CBHW062101080426
42734CB00012B/2710